LLAMADOS POR NUESTRO NOMBRE

Prepararse para la vocación de líder catequético

JOE PAPROCKI, D.MIN.

EL LÍDER CATEQUÉTICO EFICAZ

Editor de la serie: Joe Paprocki, D.Min.

LOYOLA PRESS.
UN MINISTERIO JESUITA
Chicago

LOYOLA PRESS.
UN MINISTERIO JESUITA

3441 N. Ashland Avenue
Chicago, Illinois 60657
(800) 621-1008
www.loyolapress.com

Diseño de la portada: Ann Triling/Hemera/Thinkstock.

ISBN: 978-0-8294-4669-2
Número de Control de Biblioteca del Congreso USA: 2018932791

Impreso en los Estados Unidos de América.
18 19 20 21 22 23 24 25 26 27 28 Versa 10 9 8 7 6 5 4 3 2 1

Índice

Bienvenido a la serie El líder catequético eficaz

La serie **El líder catequético eficaz** ofrece habilidades, estrategias y enfoques que asegurarán el éxito para líderes de programas parroquiales de formación en la fe. Beneficia a aquellos que trabajan con catequistas, entre ellos directores de educación religiosa, párrocos directores diocesanos y participantes en programas de formación catequética. Mediante una combinación de teoría y práctica, esta serie

- brinda instrucciones concretas y recursos para imprimir;
- define la función del líder catequético y ofrece estrategias específicas y prácticas para el liderazgo, la colaboración y la delegación de responsabilidades;
- ofrece enfoques para el liderazgo y la catequesis en una manera más evangelizadora;
- describe las mejores prácticas para reclutar, capacitar y formar catequistas; para desarrollar una visión para la formación en la fe; para crear un consejo de asesores; para planificar y programar eventos; para establecer contactos con otros colegas; para seleccionar recursos catequéticos de calidad y para manejar los aspectos administrativos del ministerio; y
- ofrece consejos sobre cómo catequizar eficazmente teniendo en cuenta la diversidad de nuestras parroquias —un aspecto ineludible de la realidad de la Iglesia en este país—, de manera que

podamos servir respondiendo a las necesidades particulares de quienes forman la comunidad de fe.

Ya sea que te inicies como líder catequético o hayas estado sirviendo como tal por muchos años, la serie **El líder catequético eficaz** te ayudará a utilizar cada área de este ministerio para proclamar el Evangelio e invitar a las personas al discipulado.

Acerca de este libro

Este libro de la serie **El líder catequético eficaz** se concentra en todos aquellos quienes somos *llamados por nuestro nombre* para ser líderes de catequistas. En este ministerio nadie es un funcionario. Tú eres un discípulo de Cristo que coordina los esfuerzos de la comunidad de fe para formar a otros discípulos de Cristo. Antes de enfocarte en lo que debes *conocer* y en lo que debes *hacer*, este libro te ayudará a enfocarte en aquello que debes *ser* como líder catequético parroquial.

1

Todo comienza con Jesús: el llamado al discipulado

Quizás no me equivoque al decir que de niño jamás soñaste con ser líder catequético parroquial cuando fueras grande. Tal vez soñaste con estudiar medicina, ser maestro, trabajar en una tienda, aprender un oficio de carpintería, mecánica, moda y confección, o bien dedicarte por completo al hogar y a los hijos. Quizás perseguiste ese sueño por un tiempo, pero Dios tenía otros planes para ti. Es probable que de niño ni siquiera supieras cómo pronunciar la palabra *catequético*. Y sin embargo, aquí estás: líder catequético parroquial.

¿Cómo pudo ocurrir?

Un llamado inesperado

La jornada de fe que te trajo hasta aquí sin duda tuvo sus recovecos. Dios tiene un modo de guiarnos por caminos que ni siquiera sabíamos que existían. En algún punto en tu jornada de fe, Dios te llamó a andar por el camino que te llevó a servir a su pueblo —la Iglesia— como líder catequético parroquial.

Lo primero que debes saber al aceptar este fascinante y privilegiado ministerio del liderazgo catequético es que has sido llamado por Dios. Cuando pensamos en el hecho de ser llamados por Dios, solemos imaginar una voz del cielo que nos encomienda una misión específica, como cuando Dios llamó a Abrahán y a Sara, a Moisés, a Isaías, a Jeremías y a María, la Madre de Dios. Sin embargo, es muy probable que tu llamado al ministerio catequético no haya venido acompañado de llamaradas en una zarza ardiente, truenos y relámpagos o vientos huracanados. Muy seguramente no te cegó una luz divina como le ocurrió a Pablo camino a Damasco. Al parecer, tanto en las Sagradas Escrituras como en la experiencia humana, Dios prefiere llamar a las personas de maneras menos espectaculares y suele encomendar a otros para que extiendan la invitación. Tu llamado al liderazgo catequético puede haber venido a través de un líder catequético, un párroco, un diácono o religioso, un catequista o un amigo. Quizás vino a través de un anuncio en el boletín semanal de tu parroquia o de la circular de la diócesis. Como sea que te haya llegado el llamado, la mano invisible de Dios estaba actuando. Él te estaba haciendo señas para que entraras en una relación más profunda con él y con la Iglesia. Y, después de mucho pensarlo, aceptaste.

¿Cómo llama Dios a las personas?

La respuesta a la pregunta *¿Cómo llama Dios a las personas?* es sencilla: ¡de muchas maneras! Dedica un momento a repasar las siguientes historias en las que Dios llama a las personas y toma nota de algunas palabras que describen cada experiencia.

Moisés (Éx 3)	
Samuel (1 Sm 3)	
Isaías (Is 6)	
Jeremías (Jr 1)	
Elías (1 Re 19)	
María (Lc 1)	
Pablo (Hch 9)	

¿Exactamente para qué fui llamado?

Cuando servía como líder catequético en la Arquidiócesis de Chicago, mis dos hijos estaban en la escuela primaria. Recuerdo que cierta vez, mientras revisaba la carpeta de mi hija Amy —entonces en cuarto grado—, encontré una invitación dirigida a los padres para que fueran a hablar a los estudiantes en la jornada de orientación vocacional. Se acercaba la fecha límite para anotarse. Le pregunté a Amy por qué no me había mostrado antes la invitación. Se encogió de hombros. Le pregunté si deseaba que yo fuera y hablara. —No, está bien— respondió. Cuando le pregunté por qué, su respuesta me dejó perplejo: —Porque ni siquiera sé qué es lo que haces.

Creo que Amy no es la única. Muchos no tienen ni idea de lo que es o de lo que hace un líder catequético. Y sin embargo, como dice el *Directorio Nacional para la Catequesis*: "El factor más crítico en un programa catequístico parroquial efectivo es el liderazgo de un dirigente catequístico parroquial capacitado profesionalmente". Dicho de otro modo, un líder catequético es un católico bautizado que es llamado para coordinar y dar vida a cada aspecto de los esfuerzos de una comunidad parroquial en cuanto a la formación en la fe, desde la cuna hasta la tumba. ¡Es fácil decirlo, pero no tanto hacerlo! Ser líder catequético es propiciar un movimiento global a nivel local; un movimiento cuyo fin es nada menos que la transformación del mundo. En algunos países donde la Iglesia católica es vista como una amenaza al poder del gobierno de turno, las autoridades consideran a los líderes catequéticos como los individuos más peligrosos del lugar debido a su capacidad de inspirar a las personas con las ideas radicalmente contraculturales y subversivas de Jesucristo.

Aunque llegar a ser líder catequético posiblemente no ponga en peligro tu vida, lo cierto es que ahora estás en una posición de gran influencia, mediante la cual puedes inculcar en tu comunidad los mismos preceptos radicalmente contraculturales y subversivos de

Jesucristo con la esperanza de transformar el mundo, un vecindario a la vez. Y ¿cómo puedes difundir estas ideas tan impactantes? Organizando un movimiento.

Si bien la descripción de las funciones de un líder catequético varía de una parroquia a otra y de una diócesis a otra, he aquí un panorama general de las funciones, extraído del documento *National Certification Standards for Lay Ecclesial Ministers* [Parámetros de certificación nacional para el ministerio eclesial laico], publicado por la *Alliance for the Certification of Ecclesial Ministry* [Alianza para la certificación de ministros eclesiales laicos] y aprobado por la *United States Conference of Catholic Bishops Commission on Certification and Accreditation* [Comisión de Certificación y Acreditación de la Conferencia de Obispos Católicos de los Estados Unidos]):

> Por el Bautismo, todo cristiano es llamado a proclamar la Buena Nueva. El Espíritu selecciona individuos y los invita a cumplir la función específica de ser líderes catequéticos dentro de su comunidad de fe, y muchos responden por fe a tal invitación. Como líderes catequéticos competentes, colaboran con otras personas para crear una cultura de formación dentro de su comunidad de fe que permite que cada cristiano comprometido se nutra de una relación con Dios y crezca en dicha relación. Como tal, el líder catequético deberá tener una sólida formación en el estudio de la catequesis: su teología, su historia y su correcta praxis. Un líder catequético parroquial deberá:
>
> - Dirigir el programa catequético parroquial por medio del diseño, implementación y evaluación de los procesos catequéticos parroquiales.
> - Implementar un modelo de catecumenado como inspiración para la catequesis de acuerdo con las edades correspondientes a cada grupo.

- Desarrollar una visión integral y perdurable y planificar la catequesis parroquial sobre la base de documentos eclesiales catequéticos.
- Garantizar la centralidad de la catequesis en la vida de la parroquia como comunidad evangelizadora y catequística.
- Desarrollar e implementar políticas catequéticas en conformidad con las políticas y guías (arqui)diocesanas.
- Brindar orientación y atención a los miembros de comités catequéticos y a equipos de formación en sus respectivas áreas de responsabilidad.
- Ejercer supervisión eficaz de empleados y voluntarios catequéticos y a la vez fomentar habilidades de liderazgo [v.d.t. (versión del traductor)].

Es de notar que la descripción de estas funciones le encomienda al líder catequético la tarea de "crear una cultura de formación" dentro de su comunidad de fe. Esta es la noble tarea que has aceptado. Pero, ¿qué significa exactamente crear una cultura? Significa promover las condiciones que lleven a compartir valores, creencias, actitudes y acciones en un grupo de personas. Significa crear las condiciones que lleven a decir a las personas que "esta es la manera en que hacemos las cosas aquí" o que "este es nuestro estilo". Podría compararse con el modo en que los botánicos crean un "clima" en los invernaderos para propiciar el crecimiento de las plantas. Para el líder catequético, la tarea que tiene por delante es crear una cultura, es decir un clima, que propicie el crecimiento en el discipulado, una vida que se caracterice por el hambre de conocimiento Cristo.

¿Quién es este Jesús al que estás promoviendo (y cuánto lo conoces)?

Antes de que Dios te llamara a ser líder catequético, te llamó al discipulado. Por medio del Bautismo, ya sea de niño o de adulto, Dios te llamó a una relación con él. Dios te adoptó como su hijo o hija, y por medio de Jesucristo, su hijo, y del Espíritu Santo, te ha invitado a participar de su vida divina. Para muchos de nosotros, sin embargo, la conciencia de que realmente estamos compartiendo la vida divina no surge en el Bautismo. Más bien, viene con un despertar posterior, cuando nuestros oídos se abren al llamado que Dios hace al discipulado y al que voluntariamente respondemos.

Para algunos, este despertar al discipulado llega en la adolescencia. Para otros, durante los años universitarios o cuando son adultos jóvenes. Algunos lo viven cuando se casan y empiezan a formar una familia. Otros lo viven a causa de un acontecimiento significativo, ya sea feliz o trágico: la muerte de un ser querido, el nacimiento de un hijo, el diagnóstico de una enfermedad grave, un nuevo empleo o la pérdida de empleo o la mudanza a un nuevo sitio. El despertar puede ocurrir en un instante o puede ocurrir en etapas sutiles durante un largo tiempo. Quizás tú estés viviendo ese despertar ahora mismo, al adentrarte en tu papel como líder catequético.

Lo más importante es que tu llamado a ser discípulo de Jesús antecede y se antepone a tu llamado como líder catequético. No puedes dar lo que no tienes, y en última instancia, como líder catequético, eres llamado a darles a otros lo que recibiste en tu relación con Jesús, es decir, el poder participar en la vida divina.

Reflexiona sobre tu intencionalidad

El grado de la intencionalidad de una persona (es decir, la decisión tomada a conciencia) de seguir a Jesús puede variar a lo largo de los años. Dedica un rato a reflexionar sobre tu propio grado de intencionalidad para seguir a Cristo en cada una de las etapas de la vida por las que has pasado. Hacer esto puede ayudarte a evaluar en qué situación estás ahora con el Señor y qué pasos debes dar para afianzar tu discipulado como líder catequético. (1 = no intencional; 5 = muy intencional)

Niñez (escuela primaria)	1	2	3	4	5
Adolescencia (escuela secundaria)	1	2	3	4	5
Etapa universitaria	1	2	3	4	5
Joven adulto	1	2	3	4	5
Edad mediana	1	2	3	4	5
Adulto mayor	1	2	3	4	5

¿En qué situación estás con el Señor en esta etapa de la vida? En oración, pide guía para discernir los próximos pasos que debes dar con el fin de afianzar tu discipulado en tu función como líder catequético.

Hace falta un Salvador

Ser seguidor de Jesús significa tener una noción muy clara de quién es él. Al enseñar sobre Jesús, el obispo Robert Barron nos recuerda la importancia de reconocer a Jesús como nuestro Salvador. Explica que, hoy más que nunca, existe la tentación de reducir a Jesús a un buen maestro, un filósofo sabio o un hombre santo que es nuestro amigo. Si bien todo esto es cierto, la singularidad de Jesús reside en su identidad como Hijo de Dios, nuestro Salvador. El obispo Barron explica que en caso de que nos estuviéramos hundiendo en arenas movedizas, lo último que necesitaríamos sería un maestro o un filósofo con quien conversar sobre el aprieto en el que estamos. ¡Desearíamos que alguien nos salvara!

Debido a nuestra condición humana, somos propensos a hundirnos en las "arenas movedizas" del pecado y necesitamos intervención: alguien que nos salve. Jesucristo es ese Salvador. Y como líder catequético, tú has sido llamado a recordarles a todos los que están a tu alcance que el pecado nos menoscaba y que necesitamos desesperadamente ser salvados por Jesucristo. Por lo tanto, a medida que avanzas en el ministerio como líder catequético, puede ser muy útil apelar a tu propia historia sobre la presencia salvadora de Jesús en tu vida.

Cuenta tu historia

Antes de seguir explorando tu función como líder catequético, haz una pausa breve y reflexiona sobre tu relación con Jesús según se fue desarrollando a lo largo de tu jornada de fe. Una buena manera de lograrlo es fijar la atención en cómo el Señor te ha revelado su presencia en ciertas áreas clave. Anota algunas reflexiones en respuesta a las siguientes preguntas:

Personas importantes Al igual que Dios habló a su pueblo a través de Moisés y los profetas, Dios suele hablarnos a través de otras personas. ¿Quiénes son las personas a través de las que Dios te ha hablado en tu vida?	**Momentos de gozo** Al reflexionar sobre los momentos de gozo de tu vida podrás reconocer la presencia salvadora de Dios. ¿Qué momentos de gozo te vienen a la mente en este momento? ¿Cómo revelan estos la presencia salvadora de Dios en tu vida?
Momentos cumbre de gracia Piensa en momentos extraordinarios de gracia en los que sentiste que estabas cara a cara con el infinito: aquellos momentos en que casi podías palpar la presencia de Dios. ¿Qué cosas te dicen esos momentos acerca del poder salvador de Dios?	**Hitos de la vida** Piensa en hitos importantes en tu vida, como una graduación, un nuevo empleo, un ascenso, un cumpleaños, un aniversario o una boda; es decir, momentos que agradeces profundamente. ¿Qué hitos en tu vida te hacen dar gracias al Dador de todos los dones?

Qué significa ser discípulos de Jesús

El Bautismo es mucho más que un llamado a vivir como miembros de una comunidad. Es un llamado al discipulado, a una vida como seguidor activo de Jesús. Quizás no hayas pensado en ti mismo como discípulo de Cristo, sino simplemente como miembro de su Iglesia. Se puede ser miembro de la Iglesia sin vivir una vida de discipulado. Ser discípulo de Jesús es elegir un modo alternativo de vivir: uno en el que Dios reina. Es una vida marcada por el amor desinteresado. Es una vida marcada por el gozo y la esperanza; por la confianza en que, en Dios, todo estará bien.

Para muchos católicos el discipulado es un concepto relativamente nuevo, mientras que en los círculos protestantes es más habitual. No obstante, en su libro *Formación de discípulos intencionales*, Sherry Weddell nos invita a los católicos a cambiar nuestra forma de pensar acerca del discipulado. Nos invita a darnos cuenta de que cada uno de nosotros, en virtud del Bautismo, es llamado a participar intencionalmente en el discipulado con Jesucristo.

Según Weddell, el "catolicismo normativo" comienza por tener una conciencia (intencional) y "una adhesión explícita y personal con Cristo", o como ella le llama, un "discipulado personal". Es esta relación viva —y no simplemente una identidad religiosa— lo que somos llamados a comunicarles a los demás. Weddell explica que el discipulado intencional comienza con la decisión de seguir a Cristo, del mismo modo en que Simón Pedro decidió dejar las redes y seguir al Señor, sin saber qué le depararía el futuro. Los obispos de los Estados Unidos están de acuerdo: "Los discípulos maduros hacen una decisión consciente y firme", escriben, "de seguir a Jesús, sin importarles lo que cueste" (*La corresponsabilidad: Respuesta de los discípulos*, USCCB). Esta "decisión consciente y firme" de seguir a Jesucristo nace de la creencia de que el Hijo de Dios hecho hombre, logró —mediante su propio y abnegado sufrimiento, muerte y Resurrección— que nosotros podamos morir a nuestro propio egoísmo y hallar una nueva vida en una realidad alternativa conocida como el Reino de Dios, un estado en el que impera la voluntad de Dios, manifestada a nosotros en Jesucristo.

Como líder catequético y discípulo de Jesucristo, tu función principal es la de transmitir una relación en la que tú mismo participas activamente. Según san Juan Pablo II, la Buena Nueva que somos llamados a transmitir "tiende a suscitar en el corazón y en la vida del hombre la conversión y la adhesión personal a Jesucristo Salvador y Señor; dispone al Bautismo y a la Eucaristía y se consolida en el propósito y en la realización de la nueva vida según el Espíritu" (*Christifideles Laici*, 33).

Vivir bajo la influencia de Jesús

Ser discípulo de Jesús significa vivir bajo su influencia. En otras palabras, el discipulado influye sobre la manera en que nos vemos a nosotros mismos, a los demás y a Dios. Como líder catequético —como alguien que vive bajo la influencia de Jesús— ahora tú vives como alguien que

- está en contacto con sus deseos más profundos;
- es consciente del amor incondicional de Dios y lo agradece;
- experimenta la cercanía de Dios;
- anhela participar activamente de la obra de Dios;
- tiene intimidad con Dios;
- ya no trata de salvarse a sí mismo;
- busca a otros con quienes compartir el viaje;
- encuentra a Dios en todas las cosas;
- respeta profundamente a cada persona tal cual es;
- tiene un profundo sentido de gratitud;
- vive para los demás;

- confía en Jesús para que lo ayude a navegar por las circunstancias oscuras de la vida.

Baste con decir que, si eres discípulo de Jesús, eres una persona que ha cambiado. En mi libro *Bajo la influencia de Jesús: La experiencia transformadora de encontrarse con Cristo*, lo dije de esta manera:

> Admirar a Jesús desde la distancia es no entender lo que él desea de nosotros. No debemos admirar a Jesús desde la distancia: debemos conocerlo íntimamente. Jesús no le pregunta a Pedro: "¿Sabes lo suficiente de todo lo que he dicho y hecho?", sino más bien: "¿Me amas?"; una pregunta que sondea la conexión más profunda entre los seres humanos. Jesús no busca *admiradores* que vitoreen desde afuera, sino *amigos* que se arremanguen y trabajen codo a codo con él para construir el Reino de Dios. (95)

En última instancia, esto resume tu respuesta a la invitación de Jesús a servir como líder catequético: no estás admirando a Jesús desde la distancia, sino que estás ahondando cada vez más en una relación íntima con él, una relación que te llama a arremangarte y trabajar codo a codo con él para construir su Reino. "Como consecuencia de ser discípulo tenemos que salir en una misión" (*La corresponsabilidad: Respuesta de los discípulos*, USCCB).

Resumen: Ellos dejaron las redes

De inmediato dejaron las redes y le siguieron. (Mateo 4:20)

A lo largo de las Sagradas Escrituras, Dios llama y las personas responden al llamado. En el Bautismo, Dios te llamó a una vida de discipulado. Y ahora, Dios te ha llamado a afianzar tu discipulado por medio del servicio en el ministerio catequético. Esto significa que tienes una vocación, y que esa vocación es algo que debes alimentar y cuidar. Tu llamado es único, y sin embargo siempre que Dios llama a las personas, es con el fin de ampliar el Reino. Como discípulo de

Jesús, eres llamado a vivir bajo la influencia del Señor. Como líder catequético eres enviado a llamar a otros a hacer lo mismo mientras generas una cultura de formación en tu comunidad de fe.

Para reflexionar y conversar

- ¿De qué manera la palabra *vocación* puede cambiar o profundizar tu comprensión de tu función como líder catequético?
- Recuerda las historias de las Sagradas Escrituras sobre personas llamadas por Dios. ¿Con quién te identificas más? ¿Por qué?
- ¿Cómo contarías tu propia historia para animar a otra persona a que se sume al ministerio catequético?

Madurar como líder catequético

Vivir bajo la influencia de Jesús debería propiciar una diferencia en tu vida. Puesto que eres líder catequético, las personas te observarán para ver si el seguir a Jesús ha producido un cambio en tu vida y así saber qué podrán esperar en la suya propia. ¿De qué maneras vives bajo la influencia de Jesús? ¿Qué diferencia marca en tu vida el ser discípulo de Jesús? ¿Pueden los demás notar la diferencia?

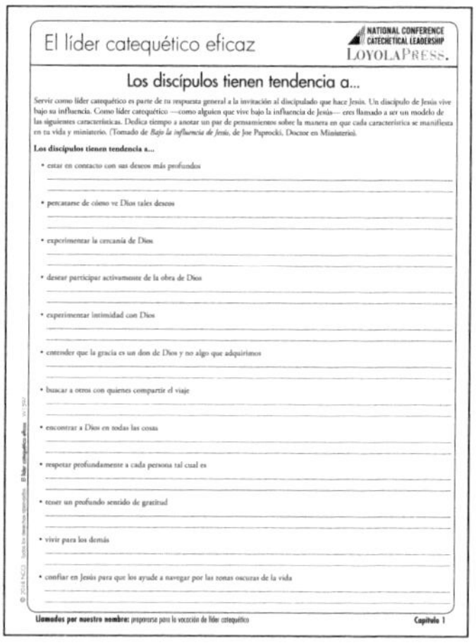

El líder catequético eficaz

NATIONAL CONFERENCE CATECHETICAL LEADERSHIP
LOYOLAPRESS.

Los discípulos tienen tendencia a...

Servir como líder catequético es parte de tu respuesta general a la invitación al discipulado que hace Jesús. Un discípulo de Jesús vive bajo su influencia. Como líder catequético —como alguien que vive bajo la influencia de Jesús— eres llamado a ser un modelo de las siguientes características. Dedica tiempo a anotar un par de pensamientos sobre la manera en que cada característica se manifiesta en tu vida y ministerio. (Tomado de *Bajo la influencia de Jesús*, de Joe Paprocki, Doctor en Ministerio).

Los discípulos tienen tendencia a...

- estar en contacto con sus deseos más profundos
- percatarse de cómo ve Dios tales deseos
- experimentar la cercanía de Dios
- desear participar activamente de la obra de Dios
- experimentar intimidad con Dios
- entender que la gracia es un don de Dios y no algo que adquirimos
- buscar a otros con quienes compartir el viaje
- encontrar a Dios en todas las cosas
- respetar profundamente a cada persona tal cual es
- tener un profundo sentido de gratitud
- vivir para los demás
- confiar en Jesús para que los ayude a navegar por las zonas oscuras de la vida

Llamados por nuestro nombre: prepararse para la vocación de líder catequético — **Capítulo 1**

Visita www.loyolapress.com/lce para acceder a la hoja de ejercicios.

Acción sugerida

Dijimos que crear una cultura de formación en la fe es como establecer un clima controlado en un invernadero que garantice el crecimiento adecuado de las plantas. Todos los domingos, después de escuchar el Evangelio en la misa, proponte realizar una o dos acciones en la siguiente semana que puedan tener un efecto positivo en el "clima" de formación de la fe en tu parroquia.

Recursos adicionales

En español

Formación de discípulos intencionales. Sherry Weddell (Edición en español: Our Sunday Visitor, 2015).

Bajo la influencia de Jesús: La experiencia transformadora de encontrarse con Cristo. Joe Paprocki (Chicago: Loyola Press, 2014).

La corresponsabilidad: Respuesta de los discípulos. United Conference of Catholic Bishops [Conferencia de Obispos Católicos de los Estados Unidos].

Formación de catequistas. (Delegación Diocesana de Catequesis de Sevilla, España, 2009) (Disponible a través de Libros online San Pablo, http://www.sanpablo.es/libreria).

Repensar la formación de catequistas. Álvaro Ginel Vielva (Madrid: CCS, 2009).

En inglés

National Certification Standards for Lay Ecclesial Ministers by The Alliance for the Certification of Ecclesial Ministry, 2011. (Parámetros de certificación nacional para ministros eclesiales laicos de la Alianza para la Certificación del Ministerio Laico)

2

Discípulos en acción: la misión de Dios, la Iglesia y el ministerio catequético

Recientemente escuché un interesante seminario web dictado por mi gran amigo Jonathan Sullivan sobre el tema de la Nueva Evangelización. En el seminario, Jonathan definió las parroquias locales como "lugares donde las personas se juntan para hacer lo que hacen los discípulos". Como líder catequético has sido llamado a formar a las personas para que hagan lo que los discípulos hacen. Pero ¿qué *es* exactamente eso que hacen los discípulos?

Eso que tú haces

En *Los 7 hábitos de la gente altamente efectiva*, Stephen Covey afirma que una cosa que la gente altamente eficaz hace es "comenzar con un fin en la mente". El hacerlo, agrega, "significa comenzar con una clara comprensión de su destino. Significa saber adónde se está yendo, de modo que se pueda comprender mejor dónde se está, y dar siempre los pasos adecuados en la dirección correcta". Comenzar con un fin en la mente es una de las cosas que los discípulos altamente eficaces también hacen. Pero esto genera otra pregunta: ¿hacia dónde vamos?

La conclusión de la misa, es decir, el momento en que se nos dice "Glorifiquen al Señor con su vida. Pueden ir en paz" nos da un indicio.

No es casualidad que la palabra *misa* provenga del Rito de conclusión de la liturgia. En latín, las palabras de despedida son *Ite, missa est*, que significa "¡Vayan! La misa ha concluido". Es de esta palabra, *missa*, de donde deriva la palabra *misa*. Ciertamente comenzamos con un fin en mente. Al finalizar la misa se nos envía para que abandonemos la seguridad y comodidad del santuario y participemos de una misión. "Vayan" significa internalizar la Palabra de Dios y salir a proclamarla, tanto en palabra como en hechos, a otros que quizás no sean tan receptivos para oírla o vivirla. Con la palabra "vayan", se nos insta. Es la única manera en que Jesucristo podrá llegar a quienes no participan con nosotros en adoración y en oración. Hay demasiadas personas que optan por no adorar con nosotros, por lo que debemos ir a ellos en vez de esperar a que ellos vengan a nosotros.

Entonces, el sitio principal para "eso que hacemos" como discípulos no es la parroquia, sino el mundo. Nos reunimos en la parroquia para equiparnos de lo necesario e ir a llevar a cabo la misión de Cristo, es decir, traer a todas las personas al Padre. Es importante recordar que la Iglesia por sí misma no tiene una misión. Dios tiene una misión, y esa misión tiene una Iglesia. Dicho de otro modo, una misión es una tarea, un encargo, generalmente de gran importancia. Una declaración de la misión fundamental es una formulación concisa de un propósito, una razón del por qué hacer aquello que hacemos. La misión de Dios es atraer a todas las personas hacia él por medio de su Hijo Jesucristo en el Espíritu Santo. Sabiendo en qué consiste esta misión, tu función como líder catequético es la de ayudar a las personas a mantener la atención en las tareas del discipulado y animarlas a que sean creativas e innovadoras al llevar a cabo esta misión.

Enviados por Jesucristo y guiados por su Espíritu, se nos confía esta misión de invitar a las personas a una amistad con Dios, a una relación que nos acerque más a Dios. Como líder catequético, tu función es coordinar los esfuerzos de la comunidad parroquial para presentar a

Jesús a las personas y ayudarlas a afianzar su relación con él por medio del discipulado. Tu tarea primordial no consiste en transmitir ideas, sino en propiciar encuentros con una Persona: Jesucristo.

Las relaciones nos hacen cambiar

A lo largo de tu vida, seguramente has entablado muchas amistades y tenido más de alguna relación seria. Por eso, sabes que las relaciones nos hacen cambiar. En realidad, entablar una relación con la idea de que no nos llevará al cambio es condenar esa relación al fracaso. Cuando invitamos a otros a nuestra vida es necesario hacerles un lugar. Para comenzar, se produce un cambio cuando les dedicamos tiempo, un tiempo que antes era para nosotros. Les damos lugar a sus ideas, deseos y sueños, y esperamos que ellos hagan lo mismo. Terminamos adquiriendo nuevos intereses y participando en nuevas actividades. Comenzamos a integrar algunos de los valores, conductas y actitudes de nuestros amigos, a la vez que nos mantenemos fieles a lo que somos. Quizás vayamos eliminando malos hábitos que ahuyentan a nuestros amigos y adquiriendo nuevos hábitos que los acercan.

En la película *Mejor. . . imposible*, Melvin, un escritor cascarrabias y obsesivo-compulsivo (interpretado por Jack Nicholson) parece ser totalmente incapaz de decirle algo amable a nadie. Las cosas se complican cuando se siente atraído por una camarera llamada Carol (interpretada por Helen Hunt), a quien no puede decirle nada amable al tenerla frente a frente. Finalmente, se arma de valor para invitarla a cenar y le dice que tiene un gran elogio que hacerle. Le explica que, si bien su psiquiatra le aconsejó tomar medicamentos, él detesta las píldoras. Sin embargo, admite que después de conocerla a ella, había comenzado a tomarlas. Confundida, Carol dice: "No entiendo cómo esto puede ser un elogio para mí". Luego de una breve pausa, Melvin le explica: "Tú haces que desee ser un mejor hombre". A menudo, cuando conocemos a alguien cuyas cualidades admiramos, nos volvemos más conscientes de nuestros propios defectos y esto genera un deseo de mejorar.

Lo mismo sucede cuando nos convertimos en discípulos de Jesús. Cuando aceptamos la invitación de Jesús al discipulado, nos encontramos con su gran misericordia, la que a su vez nos hace ser más conscientes de nuestros propios defectos y de nuestro deseo de ser mejores personas. No podemos sino pedir perdón y la gracia que necesitamos para seguir adelante. Caminar con Jesús nos hace querer ser mejores personas. Sin embargo, "apretar" nuestra floja panza espiritual no es la solución: en algún punto debemos respirar con libertad. La única respuesta auténtica al encuentro con Jesús, por lo tanto, es una conversión, o transformación, genuina y duradera.

Es ahí donde tú entras como líder catequético. Eres facilitador de encuentros y conversiones. En su exhortación apostólica *Evangelii Gaudium*, el Papa Francisco explica cómo esta conversión es fundamental para nuestros esfuerzos en la evangelización: "No se puede perseverar en una evangelización fervorosa si uno no sigue convencido, por experiencia propia, de que no es lo mismo haber conocido a Jesús que no conocerlo, no es lo mismo caminar con Él que caminar a tientas, no es lo mismo poder escucharlo que ignorar su Palabra, no es lo mismo poder contemplarlo, adorarlo, descansar en Él, que no poder hacerlo".

Seis aspectos transformadores de la Buena Nueva de Jesús

La misión de la Iglesia, y por lo tanto la tarea del líder catequético, puede compararse con la tarea de un colaborador de campaña política que conoce al candidato, se siente transformado por su mensaje y desea presentar este candidato a otros con la esperanza de crear un movimiento. No cumplimos la misión de la Iglesia adoctrinando a los demás con conceptos, sino presentándoles a una Persona. Lo logramos hablando de nuestros propios encuentros con esta Persona, Jesucristo, y explicando cómo él nos ha cambiado. Dicho de otro modo, contamos una historia que nos ofrece la promesa de algo mejor.

En un artículo de la revista *Catechetical Leader* [El líder catequético], Nick Wagner, del equipo RICA [Equipo para el Rito de la iniciación cristiana de adultos] identifica "Seis cosas sorprendentes que debe aprender toda persona que desee conocer acerca del Rito de la iniciación cristiana de adultos" [v.d.t.]. Yo diría que esas son seis cosas sorprendentes que cualquier católico debe saber. Tendemos a suponer que las personas saben de qué se trata la Buena Nueva de Jesús, cuando en realidad, muchos no pueden explicarla. Nick resume la esencia de la Buena Nueva de la siguiente manera:

1. Dios no es un Padre ausente. (Dios está aquí, ahora, ofreciéndonos su amor incondicional).
2. No hay nada qué temer. (Dios nos salva de las tinieblas y del temor).
3. Dios trae justicia y rectitud. (Dios es siempre justo y recto).
4. Jesús es muy importante. (Jesús nos revela a Dios de manera completa).
5. Nosotros también somos muy importantes. (Los discípulos revelan a Jesús al mundo).
6. Todo es mejor a partir de aquí. (Estamos en el camino hacia el perfecto gozo).

La función del líder catequético es resaltar estos principios fundamentales que son la esencia de todo aquello que enseñamos.

Todo líder necesita una visión

El doctor Martin Luther King Jr. pronunció esta famosa frase: "Yo tengo un sueño". Inspirado en las Sagradas Escrituras, él compartió su visión de un mundo en el que las personas no serían juzgadas "por el color de su piel sino por el contenido de su carácter". Su visión ha inspirado a generaciones de personas para luchar por la transformación de la sociedad. Todo líder, incluido el líder catequético, necesita una visión. Sin una visión, un líder es como un agente de viajes: alguien que brinda información sobre un lugar sin siquiera haberlo visitado. Los líderes *con* visión, no obstante, se parecen mucho a los guías turísticos. Ellos ya han hecho el viaje, saben qué se necesita para hacerlo, conocen las atracciones que nadie debería perderse, pueden indicar dónde hay peligros y obstáculos y pueden expresar el significado personal que ese viaje tiene para ellos. En tu función como líder catequético, eres llamado a ser guía turístico, no agente de viajes. Esto significa que debes tener una visión del viaje al Reino sobre la base de la experiencia para poder guiar a otros a embarcarse en su propia travesía.

La visión que tenemos por delante proviene de Nuestro Señor Jesucristo y se expresa con más profundidad en el Sermón de la Montaña (Mateo 5–7): el "discurso de presentación" de Jesús. En este discurso, Jesús describe un reino en el que

- felices son los pobres, los desposeídos y los misericordiosos;
- felices son los afligidos, los que tienen hambre y sed de justicia, los que trabajan por la paz y los perseguidos por causa de Dios;
- el enojo no es una motivación aceptable;
- ofrecemos la otra mejilla;
- amamos a todos, incluso a los enemigos;
- las buenas obras se hacen en privado;
- le hablamos a Dios como a un Padre que está cercano y que no es distante; y
- las preocupaciones y el juzgar a otros no tienen lugar.

Esta es la visión de Jesús, y proviene de su gran, e incluso, frondosa imaginación. Por desgracia, la imaginación suele tener mala fama por alejarse de la realidad. A decir verdad, la imaginación es un requisito previo de la esperanza. Es la capacidad de ver *a través de* la imaginación una realidad alternativa e incluso más grande. La imaginación nos ayuda a navegar, descifrar y trascender la realidad que está al alcance de la vista para que podamos distinguir la realidad que no se ve. La imaginación no es una tontería. Como líder catequético, eres llamado a ser una persona con visión; una persona con una gran, e incluso frondosa, imaginación que pueda "ver" el Reino de Dios.

En última instancia, la creativa e inusual proclamación que Jesús hizo del Reino de Dios es mucho más que proponer una manera *preferencial* de ver la realidad. Más bien, la proclamación de Jesús es un modo *indispensable* de ver la realidad. La catequesis ayuda a las personas a ver más allá de la realidad actual de esperanzas frustradas hasta una realidad alternativa que ofrece la promesa de muchas posibilidades.

Un buen tipo de ardor

La promesa de posibilidades es justamente aquello a lo que Cristo resucitado ayudó a ver a los dos discípulos en el camino a Emaús. El desconsuelo de los discípulos a causa de la crucifixión de Jesús les había afectado su visión y los hizo incapaces de reconocer al hombre que caminaba con ellos. Mientras los escuchaba hablar, Jesús los desafió a ver las cosas de un modo diferente mientras los guiaba por las Sagradas Escrituras. "¿No tenía que padecer eso el Mesías para entrar en su gloria?", les recordó. Finalmente, cuando se sentó con ellos a la mesa y partió el pan, los ojos de los hombres se abrieron y reconocieron al Señor resucitado en medio de ellos y exclamaron: "¿No sentíamos arder nuestro corazón mientras nos hablaba por el camino?" (Lucas 24:32). Jesús les dio ese ardor, el ardor que deseamos conservar.

A lo largo de la historia de la Iglesia, el Espíritu Santo ha encendido en el corazón de una gran cantidad de personas un entusiasmo por compartir la Buena Nueva de Jesús con los demás. Tu función como líder catequético es la de sumarte a sus filas y causar en las personas ese ardor; promover en ellos la visión de un futuro lleno de esperanza y de nuevos comienzos en vez de desilusión y finales. En la espiritualidad ignaciana, este sentido de santa esperanza se define como "más" (en latín, *magis*): el deseo perdurable de un bien mayor que solo se puede hallar en Dios.

Alimentar el deseo de "más" no es sencillo en un mundo lleno de indiferencia, distracciones, cinismo y relativismo, todo lo cual menoscaba el espíritu humano en vez de ensancharlo. Para afrontar este desafío como líder catequético, debes hacer todo lo que esté a tu alcance para llegar a ser y seguir siendo una persona con visión, con una gran y frondosa imaginación. Te preguntarás: "¿Pero. . . por dónde empiezo?". He aquí algunas sugerencias concretas para las actividades del hemisferio derecho del cerebro que estimularán tu imaginación. (Puedes leer más sobre el tema en mi libro *7 Keys to Spiritual Wellness* [Las siete claves para el bienestar espiritual])

- Apaga el televisor.
- Lee, sobre todo novelas y biografías.
- Concéntrate en el sentido del humor.
- Dibuja o pinta un cuadro.
- Contempla detenidamente las obras de arte.
- Trabaja con las manos.
- Escucha música y canta.
- Ocúpate en un pasatiempo.
- Haz ejercicio de manera regular, aliméntate bien y duerme lo suficiente.
- Rompe esquemas y de tanto en tanto actúa de manera ilógica.
- Anota tus ideas en una libreta o en un diario.
- Ve al teatro.
- Reacomoda tu lugar de trabajo o el lugar donde vives.
- Medita.
- Practica la respiración profunda.
- Aprende un nuevo idioma.
- Busca la compañía de personas creativas.
- Cocina u hornea algo.
- Decora o remodela algo.
- Recorre nuevos lugares o viaja desde la comodidad de tu sofá.
- Interactúa con niños.
- Participa en juegos de mesa que requieran usar la estrategia.

Todas estas actividades pueden despertar la imaginación, la que a su vez aviva el fuego que alimenta una espiritualidad saludable. Gracias a esta gran imaginación, Jesús concibe un mundo en el que los hambrientos son alimentados, los sedientos beben, los enfermos son atendidos, los que no tiene casa obtienen techo, los prisioneros son visitados, los desnudos son vestidos y los distanciados son bienvenidos. El Dios que proclamas como líder catequético está en llamas, tiene una visión y una misión, y te ha llamado para que invites a otros a que lleven este fuego a todo el mundo.

Resumen: Vayan y hagan discípulos

[Dijo Jesús,] "Vayan y hagan discípulos entre todos los pueblos, bautícenlos consagrándolos al Padre y al Hijo y al Espíritu Santo, y enséñenles a cumplir todo lo que yo les he mandado". (Mateo 28:19–20)

Has sido enviado. Para tomar prestada una frase de la película *Los hermanos caradura*, tienes una "misión de Dios". Esto es lo que hacen los discípulos de Jesús: salen a realizar la misión de Dios que consiste en atraer a todas las personas hacia él. Como líder catequético, participas ahora de manera formal en esta misión, invitando a las personas a un encuentro con Jesucristo y ayudándolas a reconocer que este encuentro es transformador. La realidad que Jesús concibió y describió en el Sermón de la Montaña, es decir, la realidad del Reino de Dios, no es la manera en que luce el mundo de hoy, y muchos no pueden imaginar ni concebir que esa realidad tome forma. Es tu responsabilidad ser persona de gran imaginación, ser capaz de ver la realidad de Dios y de ayudar a otros a verla también. Según las palabras de los obispos de los Estados Unidos: "Jesús vino a traer fuego al mundo, hasta que todo arda de amor por Dios. Oramos para que este fuego baje sobre nosotros como discípulos a medida que nosotros, guiados por el Espíritu, llevemos a cabo la gran misión que nos dejó Cristo de ir y hacer discípulos de todas las naciones" (*Vayan y hagan discípulos*, USCCB).

Para reflexionar y conversar

- ¿Qué significa para ti que "Dios tiene una misión y esa misión tiene una Iglesia"? ¿Cómo le describirías a alguien esa misión?
- La esencia de la Buena Nueva es que podemos apropiarnos (y compartir) el amor incondicional de Dios. Como líder

catequético, ¿cómo puedes proclamar a los demás de manera eficaz y práctica esta Buena Nueva?

Madurar como líder catequético

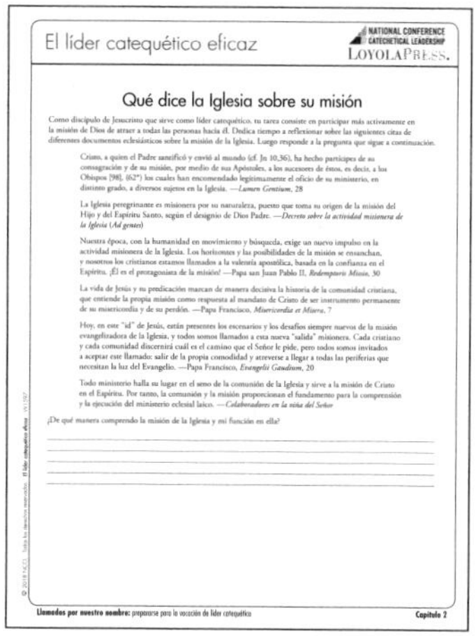

El líder catequético eficaz

NATIONAL CONFERENCE CATECHETICAL LEADERSHIP

LOYOLAPRESS.

Qué dice la Iglesia sobre su misión

Como discípulo de Jesucristo que sirve como líder catequético, tu tarea consiste en participar más activamente en la misión de Dios de atraer a todas las personas hacia él. Dedica tiempo a reflexionar sobre las siguientes citas de diferentes documentos eclesiásticos sobre la misión de la Iglesia. Luego responde a la pregunta que sigue a continuación.

> Cristo, a quien el Padre santificó y envió al mundo (cf. Jn 10,36), ha hecho partícipes de su consagración y de su misión, por medio de sus Apóstoles, a los sucesores de éstos, es decir, a los Obispos [98], (62*) los cuales han encomendado legítimamente el oficio de su ministerio, en distinto grado, a diversos sujetos en la Iglesia. —*Lumen Gentium*, 28
>
> La Iglesia peregrinante es misionera por su naturaleza, puesto que toma su origen de la misión del Hijo y del Espíritu Santo, según el designio de Dios Padre. —*Decreto sobre la actividad misionera de la Iglesia* (*Ad gentes*)
>
> Nuestra época, con la humanidad en movimiento y búsqueda, exige un nuevo impulso en la actividad misionera de la Iglesia. Los horizontes y las posibilidades de la misión se ensanchan, y nosotros los cristianos estamos llamados a la valentía apostólica, basada en la confianza en el Espíritu. ¡Él es el protagonista de la misión! —Papa san Juan Pablo II, *Redemptoris Missio*, 30
>
> La vida de Jesús y su predicación marcan de manera decisiva la historia de la comunidad cristiana, que entiende la propia misión como respuesta al mandato de Cristo de ser instrumento permanente de su misericordia y de su perdón. —Papa Francisco, *Misericordia et Misera*, 7
>
> Hoy, en este "id" de Jesús, están presentes los escenarios y los desafíos siempre nuevos de la misión evangelizadora de la Iglesia, y todos somos llamados a esta nueva "salida" misionera. Cada cristiano y cada comunidad discernirá cuál es el camino que el Señor le pide, pero todos somos invitados a aceptar este llamado: salir de la propia comodidad y atreverse a llegar a todas las periferias que necesitan la luz del Evangelio. —Papa Francisco, *Evangelii Gaudium*, 20
>
> Todo ministerio halla su lugar en el seno de la comunión de la Iglesia y sirve a la misión de Cristo en el Espíritu. Por tanto, la comunión y la misión proporcionan el fundamento para la comprensión y la ejecución del ministerio eclesial laico. —*Colaboradores en la viña del Señor*

¿De qué manera comprendo la misión de la Iglesia y mi función en ella?

Llamados por nuestro nombre: prepararse para la vocación de líder catequético — Capítulo 2

Dijimos anteriormente que en tu función como líder catequético, eres llamado a ser guía turístico, no simplemente agente de viajes. Esto implica que tienes cierta familiaridad con el Reino al que eres llamado. Jesús describió esta realidad, la del Reino de Dios, en el Sermón de la Montaña (Mateo 5—7). ¿Qué aspectos de la vida en el Reino tienes más deseos de compartir con los demás? ¿Qué aspectos te resultan más difíciles de explicar?

Visita www.loyolapress.com/lce para acceder a la hoja de ejercicios.

Acción sugerida

Para concebir el Reino de Dios al que estás llamando a otros, debes ser una persona con una gran imaginación. Asume el compromiso de realizar alguna de las sugerencias de la sección "Un buen tipo de ardor" para estimular la imaginación.

Recursos adicionales

En español

Evangelii Nuntiandi: Exhortación apostólica. Papa Pablo VI (1975) y *Evangelii Gaudium: Exhortación apostólica sobre el anuncio del Evangelio en el mundo actual.* Papa Francisco (2013).

Vayan y hagan discípulos: Plan y estrategia nacional para la evangelización católica en los Estados Unidos. USCCB (Washington, D.C., 1992).

En inglés

Forming Intentional Disciples in the Parish: A Webinar. [Formación de discípulos intencionales en la parroquia: seminario web] Jonathan F. Sullivan (Leadership Institute/ USCCB—www.usccb.org)

3

Somos llamados por nuestro nombre: la vocación del líder catequético parroquial

Es muy probable que caigas en alguna de estas cuatro categorías:

- estás discerniendo el llamado a ser líder catequético;
- recientemente comenzaste a trabajar como líder catequético y estás discerniendo si has tomado la decisión correcta;
- has sido líder catequético por algún tiempo pero estás discerniendo si seguir en este ministerio;
- has sido líder catequético por algún tiempo y estás discerniendo maneras de crecer en el ministerio.

Sea cual sea la categoría en la que caigas, ¡eres un individuo que discierne! Servir como líder catequético no es algo corriente, sino que se trata de una vocación para la que se te ha llamado; y la vocación exige discernimiento.

Aquí estoy, ¡envíame!

En el pasado, muchos católicos pensaban que la vocación era solamente para los sacerdotes y los religiosos. Sin embargo, a partir del Concilio Vaticano Segundo la Iglesia ha resaltado que todo ser humano tiene una vocación, un llamado de Dios a reflexionar más cuidadosamente sobre la imagen divina. En un documento titulado *Guía para los catequistas*, la Iglesia católica dice lo siguiente:

> En la Iglesia, el Espíritu Santo llama por su nombre a cada bautizado a dar su aportación al advenimiento del Reino de Dios. En el estado laical se dan varias *vocaciones*, es decir, distintos caminos espirituales y apostólicos en los que están involucrados cada uno de los fieles y los grupos. En el cauce de una vocación laical común florecen vocaciones laicales particulares. En el origen de la vocación del catequista, además de los sacramentos del Bautismo y de la Confirmación, hay un llamamiento específico del Espíritu, es decir, un "carisma particular reconocido por la Iglesia" hecho explícito por el mandato del obispo. Es importante que el candidato a catequista capte el sentido sobrenatural y eclesial de ese llamamiento, para que pueda responder con coherencia y decisión como el Verbo eterno: "He aquí que vengo" (Hebreos 10:7), o como el profeta: "Heme aquí, envíame" (Isaías 6:8).

En este pasaje hay algunos pensamientos poderosos que llevan a la reflexión. En primer lugar, si bien todo el Pueblo de Dios tiene una vocación, tú has elegido un camino "especial" en respuesta a un llamado específico del Espíritu Santo. En segundo lugar, tienes un "carisma particular reconocido por la Iglesia", un don de liderazgo en la misión catequética de la Iglesia. En tercer lugar, tu llamado tiene un "sentido sobrenatural y eclesial", lo que significa que se te ha llamado a profundizar en el misterio de Dios y el Cuerpo de Cristo. ¡Y tú que creías que este era simplemente un empleo!

Todo empieza con un llamado a la santidad

El pueblo de Israel reconoció que fue llamado por Dios. En el Antiguo Testamento leemos:

- "Yo, el Señor, te he llamado para la justicia". (Isaías 42:6)

- "Te he llamado por tu nombre, tú eres mío". (Isaías 43:1)
- "Cuando Israel era niño, lo amé, y desde Egipto llamé a mi hijo". (Oseas 11:1)

A su vez, Jesús llamó a los discípulos (y a los apóstoles) para que lo siguieran, repitiendo el llamado que el Padre hizo a su Pueblo Elegido. Más tarde, san Pablo les recordó a los cristianos de los primeros tiempos en Roma que "entre ellos se encuentran también ustedes, llamados por Jesucristo". (Romanos 1:6)

En la actualidad, la Iglesia continúa la tradición: Dios nos llama en el Bautismo para ser su pueblo, para vivir una vida santa y para difundir la luz del Evangelio por todo el mundo. Si bien hay vocaciones particulares en la Iglesia, tales como el sacerdocio, la vida religiosa, la vida matrimonial y la vida célibe, nuestro llamado inicial viene por medio del Bautismo, y este llamado inicial a la santidad es la vocación más importante de todas. Los obispos del Concilio Vaticano Segundo hicieron hincapié en esto. "En la Iglesia —escriben— todos, lo mismo quienes pertenecen a la Jerarquía que los apacentados por ella, están llamados a la santidad" (*Constitución dogmática sobre la Iglesia*, Cap. 5).

El mensaje es claro: somos llamados a ser un pueblo santo y a vivir esa santidad en cualquier circunstancia. Tú eres llamado a vivir esa santidad como líder catequético.

¿Cómo "luce" la santidad?

Todos esperamos y rezamos para que podamos hallar amigos (y en especial cónyuges) que sean genuinos, o auténticos. En última instancia, de eso se trata la santidad: de ser genuinos. Por más de dos mil años, una innumerable cantidad de cristianos ha buscado la manera de vivir una vida santa relacionándose con la persona más genuina de la historia: Jesucristo. En el Credo, decimos que Jesús es "Dios de Dios, luz de luz, Dios verdadero de Dios verdadero". También decimos que "se encarnó de María, la Virgen, y se hizo hombre" y que "fue crucificado en tiempos de Poncio Pilato; padeció y fue sepultado". Él es auténtico. Es genuinamente humano y genuinamente divino.

El amor de Jesús también es genuino. ¿Cómo lo sabemos? Porque él dio su vida por nosotros. El amor real es desinteresado y no busca retribución. Esa es la clase de amor que Dios nos ofrece. El amor de Dios es desinteresado e incondicional. Es un don puro y auténtico.

Esto es lo que significa ser santo: dar amor auténtico e incondicional a los demás, tal como Dios hace con nosotros. A veces, al escuchar la palabra *santo*, imaginamos un estado de perfección. Pero de eso no trata la santidad. Dios no nos llama a ser perfectos, sino a ser auténticos: a vivir como auténticos seguidores de Jesús.

Esto resulta ser un gran desafío en la actualidad, puesto que nuestro mundo en general *no es* para nada auténtico. Es mucho más fácil mentir o aparentar. Pero en la tradición cristiana, la santidad comienza y termina con decir que creemos que Jesús es auténtico y que deseamos vivir como sus seguidores auténticos. Significa negarse a todas las cosas egoístas, engañosas y falsas que Satanás ofrece: cosas que aparentan ser buenas y que además nos hacen sentir bien pero que, en última instancia, nos hacen "errar al blanco" (tal es el significado literal de la palabra *pecar*).

No es casualidad que en el Bautismo, es decir, aquel ritual que nos permite empezar a navegar en un viaje hacia la santidad, la primera pregunta que hace el sacerdote sea: "¿Renuncias a Satanás, y a todas sus obras y seducciones?". El viaje hacia la santidad comienza con un solemne recordatorio de que, sin intervención, seguiremos errando irremediablemente al blanco. El Bautismo es tal intervención. Pero como cualquier intervención en la vida, no es instantánea ni mágica. Es simplemente un punto de inflexión: el primer paso para reconocer que necesitamos ayuda y abrirnos a la gracia que sana. Esta es la razón por la que los católicos renovamos con tanta frecuencia nuestras promesas bautismales en la misa: debemos mantenernos alertas, escuchar la voz de Dios y renunciar frecuentemente a Satanás, ya que él no se marcha.

¿Cómo puedo escuchar la "voz de Dios"?

Si bien sería muy bueno escuchar una potente voz del cielo que nos llama por nombre y nos dice: "¡Quiero que seas líder catequético!", no suele ser así. De hecho, tendemos a mirar con escepticismo a quien afirma que literalmente escuchó la voz de Dios. Para la mayoría, no es así como sucede. Dios es mucho más sutil, y justamente de eso se trata la historia de Elías, que tiene un encuentro con Dios, no en medio de un terremoto ni de un incendio, sino de una brisa tenue (1 Reyes 19).

He aquí algunas de las vías por medio de las cuales Dios nos habla sutilmente. Mientras sigues reflexionando, discerniendo y alimentando tu vocación para servir como líder catequético, trata de prestarles mucha atención.

- **Pensamientos.** En respuesta a nuestra oración pidiendo orientación, Dios puede sembrar un pensamiento recurrente en nuestra mente. Quizás siga haciendo ruido por un tiempo hasta que le prestemos atención.
- **Recuerdos.** Es posible que Dios nos traiga a la mente recuerdos del pasado para hablarnos acerca de algo que ocurre en el presente.
- **Sentimientos.** Es importante prestar atención a cualquier sentimiento que surja durante la oración. Quizás Dios nos dé un sentimiento de paz y alegría para recordarnos su presencia, o quizás nos dé un sentimiento de inquietud para impulsarnos a la acción.
- **Esperanzas y deseos.** A veces, Dios nos habla para despertar esperanzas y deseos en nuestro interior. Quizás notemos que nos volvemos más conscientes de un anhelo que ha estado apagado o latente durante mucho tiempo; quizás sobrevenga un anhelo que

jamás habíamos sentido. Cuando alguien dice que tiene "una corazonada", muchas veces quiere decir que sigue una esperanza o un deseo interior.

- **Sueños.** Dios siempre ha hablado a las personas en sueños. En su obra *Dreams: God's Forgotten Language* [Sueños: el lenguaje olvidado de Dios], John Sanford nos alienta a prestar atención a las imágenes que provienen de nuestro inconsciente como pistas de percepciones importantes. Los sueños no deben tomarse como mensajes literales de Dios, pero pueden revelar los movimientos de Dios en lo profundo de nuestro ser por medio de símbolos, conceptos o emociones.
- **La naturaleza.** En ocasiones los católicos desconfiamos de la idea de que Dios nos habla por medio de la naturaleza, pues esto insinúa una espiritualidad de la Nueva Era o a la antigua pero persistente herejía del panteísmo. Para los católicos, Dios y la naturaleza no son lo mismo, pero sí creemos que la naturaleza lleva las huellas dactilares de Dios y refleja su presencia, su bondad, su fuerza y su belleza. En la encíclica *Laudato Si'*, el Papa Francisco nos recuerda que "todo el universo material es un lenguaje del amor de Dios, de su desmesurado cariño hacia nosotros. El suelo, el agua, las montañas, todo es caricia de Dios" (84).
- **Vivencias.** El mensaje que Dios tiene para nosotros puede presentarse como una experiencia cotidiana o, con menos frecuencia, como una experiencia fuera de lo común. Poder reflexionar sobre nuestras experiencias es una manera importante de reconocer lo que Dios nos está diciendo o pidiendo.
- **Encuentros con otros.** A lo largo de las Sagradas Escrituras, Dios usa a las personas como sus portavoces y lo sigue haciendo en la actualidad. Constantemente, Dios nos habla por medio de las palabras y acciones de otros. Si prestamos más atención a las

personas que viven, trabajan, sirven y se divierten con nosotros, es posible que descubramos que Dios nos está hablando.

- **Encuentros con la belleza.** Dios nos habla cada vez que apreciamos la belleza. La belleza puede llegar a nosotros en forma de música, teatro, literatura, deporte, arte, cultura, e incluso, en el rostro de un ser amado. La belleza produce sentimientos en nuestro interior, y muy a menudo esos sentimientos son parte de una conversación sin palabras con Dios.

Nuestra comunicación con Dios suele ocurrir a través de vías que superan las palabras. Por lo tanto, necesitamos una especie de antena para captar esos mensajes sutiles. Debemos practicar el discernimiento, es decir, hacer partícipe a Dios de las decisiones que tomamos, para que podamos saber si un mensaje proviene de Dios, de nuestro ser, o de una voz a la que no debamos prestar atención.

Pero, ¿cómo sé que es la voz de Dios?

Como ya vimos, ser catequista es tener vocación, un llamado de Dios. La Iglesia nos recuerda que:

> La vocación del laico para la catequesis brota del sacramento del Bautismo, es robustecida por el sacramento de la Confirmación, Gracias a los cuales participa de la "misión sacerdotal, profética y real de Cristo". Además de la vocación común al apostolado, algunos laicos se sienten llamados interiormente por Dios para asumir la tarea de ser catequistas. La Iglesia suscita y discierne esta llamada divina y les confiere la misión de catequizar (*Directorio General para la Catequesis*, 231).

Tener vocación de catequista significa que en cada paso del camino debes hacer partícipe a Dios de tus decisiones. A esto lo denominamos *discernimiento*. Es importante saber que tu vocación y el discernimiento necesarios no son experiencias "de una vez por todas". Dios no te llamó una sola vez. Dios te llama cada día. Tu vocación a una vida de santidad es algo que sigues alimentando y discerniendo cada día de tu vida. Es una respuesta continua a la invitación al servicio que Dios te hace.

En la vida enfrentamos muchas elecciones complejas. ¿Cómo sabemos qué es lo que Dios quiere que hagamos? ¿Cuál es el plan de Dios para nosotros? Aquí es donde entra en juego el discernimiento. El discernimiento se refiere al proceso de alinearnos con la voluntad de Dios para saber a qué nos está llamando. El discernimiento no solo es necesario en las decisiones inmediatas (*¿Debo decirle algo a mi amigo acerca de su adicción al alcohol?*), sino también en las decisiones sobre el rumbo general de nuestra vida (*¿Debo aceptar este ascenso aunque implique tener que mudarnos?*). Ambas decisiones tienen mucho que ver con Dios y con la clase de persona que Dios nos llama a ser. Cada elección que hagamos, sin importar su magnitud, es una oportunidad de alinearnos con la voluntad de Dios.

He aquí algunas estrategias comprobadas para discernir de qué manera Dios pueda estar llamándote.

- **Habla con alguien a quien respetes.** Dios suele hablarnos por medio de la sabiduría de otros. Busca al menos a una persona que creas que tiene el don de la sabiduría y pídele consejo.
- **Busca un poco de soledad.** Es bueno hablar con otros cuando debemos tomar una decisión importante, pero en algún momento es crucial tratar de estar a solas con nuestros pensamientos y con Dios. Invita expresamente a Dios a que participe de las decisiones que tomas.
- **Comienza con lo que conoces.** Expón todos los hechos ante ti para poder abordar lo conocido antes de ahondar en lo desconocido.
- **Consulta con la comunidad.** El ministerio está enraizado en la comunidad de los bautizados. Invita a otros miembros de tu

iglesia a discernir contigo la manera en que tus dones pueden servir mejor a los demás.

- **Cuéntale a Dios lo que deseas y lo que temes.** Sé honesto. Cuéntale a Dios tus deseos y tus temores más profundos con respecto a esta situación. Antes de pronunciar las palabras *hágase tu voluntad*, es importante que comprendas cuál es tu propia voluntad.
- **Deja que Dios te hable.** Como hemos visto, muchos no oímos una voz perceptible cuando Dios nos habla. Pero Dios sí habla de otras maneras. ¿Qué clase de pensamientos, sentimientos (sobre todo de amor, gozo, paz, o la falta de estos) y recuerdos puede estar agitando Dios en tu interior para guiarte en tus decisiones? ¿Qué historia de las Sagradas Escrituras o de la vida de los santos te viene a la mente y te puede dar luz? Busca el pasaje o la historia y léelo con un espíritu de oración.
- **Conoce cuál es el plan de Dios para ti.** Recuerda que no estás solo y que no tienes que vociferar ni gritar para que Dios te preste atención en este asunto. Por el contrario, Dios tiene un plan para ti, y este plan es impulsado enteramente por el amor.
- **Reza para hacer la voluntad de Dios.** Aunque parezca difícil, reza las palabras *hágase tu voluntad*. Pídele a Dios que te dé la fortaleza necesaria para seguir discerniendo su voluntad y para seguirla.
- **Espera.** Si las circunstancias así lo permiten, espera antes de tomar la decisión. Sigue prestando atención a tus sentimientos para ver en qué dirección te llevan.
- **Comprométete en oración.** En algún punto, deberás actuar. Sabiendo que has buscado la voluntad de Dios, disponte a obrar con amor.
- **Evalúa los frutos.** El discernimiento es continuo. Después de haber tomado la decisión y de obrar en consecuencia, evalúa con un espíritu de oración lo que ha ocurrido. Si los frutos o los

resultados de tu decisión son buenos, la decisión tomada posiblemente es buena. Si los frutos están "podridos", quizás debas cambiar el rumbo. El discernimiento genuino da buenos frutos, incluso si tienen la forma de algo que habitualmente no tendríamos en cuenta.

El discernimiento te ayudará cada vez que enfrentes una decisión y al seguir contemplando el llamado a servir como líder catequético. Si bien tomar buenas decisiones puede ser difícil, confía en que el Espíritu Santo está contigo para guiarte y ayudarte a elegir lo que es bueno y auténtico. Al sintonizarte con la voz de Dios y ajustar la frecuencia para conectarte con un lenguaje que va más allá de las palabras, podrás alimentar tu vocación como líder catequético.

Pero. . . ¿por qué yo y por qué ser líder catequético?

A lo largo de las Sagradas Escrituras, las personas que tienen un encuentro con Dios son propensas a reaccionar con sorpresa, confusión, temor e incluso reticencia. Un buen ejemplo de tal reacción se encuentra en el Evangelio de Lucas, cuando Isabel reacciona a la visita de su prima María, que estaba encinta, preguntando: "¿Quién soy yo para que me visite la madre de mi Señor?" (Lucas 1:43). Tal vez tu reacción fue similar cuando te vino a la mente la idea de ser líder catequético. Quizás te preguntaste: "¿Quién soy yo para que Dios me llame a servir en este ministerio?".

La realidad es esta: Dios no llama al calificado, pero califica al que llama. Esto significa que Dios, y la Iglesia, reconocen en ti la capacidad de cumplir con determinadas responsabilidades. Por suerte estas responsabilidades, o competencias, están detalladas en la *National Certification Standards for Lay Ecclesial Ministers* [Parámetros de certificación nacional para el ministerio eclesial laico]. Estas son algunas de las competencias que se mencionan:

- Dirigir el programa catequético parroquial por medio del diseño, la implementación y la evaluación de procesos catequéticos parroquiales.
- Implementar el modelo del catecumenado como inspiración para la catequesis de maneras adecuadas según las edades.
- Desarrollar una visión y un plan integrales para toda la vida de la catequesis parroquial sobre la base de documentos catequéticos eclesiales.
- Asegurar la centralidad de la catequesis en la vida de la parroquia como comunidad evangelizadora y catequética.
- Desarrollar e implementar políticas catequéticas parroquiales conforme a políticas y lineamientos (arqui)diocesanos.
- Brindar orientación y apoyar a los miembros de comités catequéticos y a equipos de formación en sus áreas pertinentes.
- Ejercer supervisión eficaz de empleados y voluntarios catequéticos, y a la vez fomentar las capacidades de liderazgo.

La función a la que has sido llamado es antigua y nueva a la vez. Desde los comienzos de la Iglesia, los miembros de la comunidad de fe se han ofrecido para facilitar la transmisión fiel del Evangelio a cada generación. No obstante, por siglos se entendió que esta tarea le correspondía a la esfera del clero y de los religiosos. Desde el Concilio Vaticano Segundo, la Iglesia ha participado en la tarea de convocar al laicado a asumir la corresponsabilidad junto con el clero y los religiosos en tareas ministeriales. Con el tiempo, la función del líder catequético ha adquirido mayor profesionalismo y legitimidad, a la vez que ha ido cultivando una identidad ministerial más profunda. En la actualidad, la Iglesia define la presencia de un líder catequético con formación profesional como "el factor más crítico en un programa catequético parroquial" (*Directorio Nacional para la Catequesis*,

54 B–5). Tu reacción al llamado a servir en esta capacidad refleja el espíritu de las palabras de san Juan Pablo II:

> Nuevas situaciones, tanto eclesiales como sociales, económicas, políticas y culturales, reclaman hoy, con fuerza muy particular, la acción de los fieles laicos. Si el no comprometerse ha sido siempre algo inaceptable, el tiempo presente lo hace aún más culpable. *A nadie le es lícito permanecer ocioso.* (*Christifideles Laici*, 3)

Como líder catequético, ¡nunca permanecerás ocioso!

Resumen: Te llamo por tu nombre

> *Y ahora, así dice el Señor, el que te creó, Jacob;*
> *el que te formó, Israel:*
> *"No temas, que te he redimido,*
> *te he llamado por tu nombre, tú eres mío".* (Isaías 43:1)

Usar la palabra *vocación* para definir tu función como líder catequético tiene sus implicaciones. Ante todo, implica que Dios está involucrado y que tú estás respondiendo a la iniciativa de Dios. También significa que Dios te llama para algo específico, comenzando con el llamado a la santidad: el llamado a vivir como auténtico discípulo de Jesús. Para oír este llamado, que es continuo, es necesario escuchar la "voz" de Dios, que nos suele llegar de maneras que superan las palabras: a menudo por medio de pensamientos, sentimientos, recuerdos y experiencias, entre otras formas. Para prestar más atención a la sutil voz de Dios, es necesario practicar el discernimiento. Tu vocación como líder catequético es una respuesta a un paisaje de la Iglesia en constante cambio —una "nueva situación"— y a su deseo de satisfacer las necesidades del Pueblo de Dios. El llamado que se te hace es urgente. Tú estás respondiendo a necesidades que exigen atención inmediata.

Para reflexionar y conversar

- ¿Qué significa para ti ser santo? ¿Y ser auténtico? ¿A qué personas de las que conoces consideras santas y auténticas? ¿Qué características de estas personas pueden imitarse?
- ¿Cómo "escuchas" la voz de Dios? Más allá de las palabras, ¿cuáles son algunas de las maneras en que Dios te ha hablado y te sigue hablando?

Madurar como líder catequético

Para ayudar a otros a discernir su vocación, debes reflexionar constantemente sobre tu propia vocación. De todas las vías a través de las cuales Dios nos "habla" —pensamientos, sentimientos, recuerdos, esperanzas y deseos, sueños, la naturaleza, vivencias, encuentros con personas y con la belleza— ¿cuál fue más fundamental en el discernimiento de tu vocación como líder catequético? ¿A cuáles debes prestar más atención a medida que avanzas?

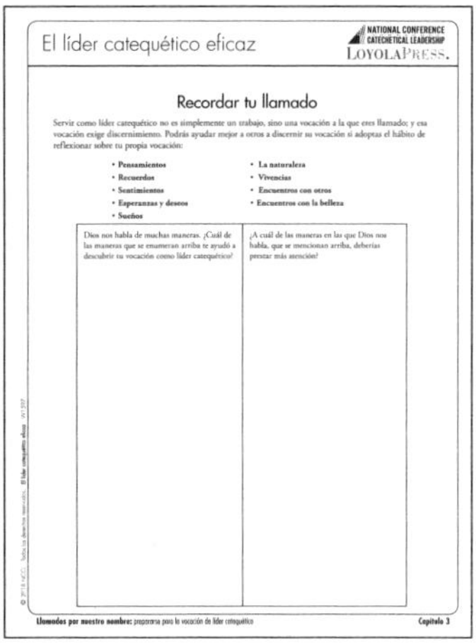
El líder catequético eficaz

NATIONAL CONFERENCE CATECHETICAL LEADERSHIP
LOYOLAPRESS.

Recordar tu llamado

Servir como líder catequético no es simplemente un trabajo, sino una vocación a la que eres llamado; y esa vocación exige discernimiento. Podrás ayudar mejor a otros a discernir su vocación si adoptas el hábito de reflexionar sobre tu propia vocación:

- **Pensamientos**
- **Recuerdos**
- **Sentimientos**
- **Esperanzas y deseos**
- **Sueños**
- **La naturaleza**
- **Vivencias**
- **Encuentros con otros**
- **Encuentros con la belleza**

Dios nos habla de muchas maneras. ¿Cuál de las maneras que se enumeran arriba te ayudó a descubrir tu vocación como líder catequético?	¿A cuál de las maneras en las que Dios nos habla, que se mencionan arriba, deberías prestar más atención?

Visita www.loyolapress.com/lce para acceder a la hoja de ejercicios.

Acción sugerida

Una parte importante del discernimiento consiste en comentar la situación con un amigo o colega de confianza. Adopta el hábito de pasar tiempo con esa persona. Invítala a que te ayude a aclarar tus dudas y a mantener la perspectiva. También puedes considerar los beneficios de una orientación espiritual general, algo que trataremos en el Capítulo 5.

Recursos adicionales

En español

La mochila del catequista: Lo indispensable para el camino espiritual. Joe Paprocki y Julianne Stanz (Chicago: Loyola Press, 2015).

Christifideles Laici: Exhortación apostólica post-sinodal sobre vocación y misión de los laicos en la Iglesia y en el mundo. Su santidad Papa Juan Pablo II (1988).

Pasión por Evangelizar. Arzobispo Carlos Osoro Sierra (Madrid: EDICEP, 2014).

La fe encuentro y envío. Atilano Alaiz Prieto (Madrid: Perpetuo Socorro, 2016).

En inglés

Just Ministry: Professional Ethics for Pastoral Ministers [Solo ministerio: Ética profesional para ministros pastorales]. Richard M. Gula (Mahwah, NJ: Paulist Press, 2010).

God's Voice Within: The Ignatian Way to Discover God's Will [La voz interior de Dios: el camino ignaciano para descubrir la voluntad de Dios]. Mark Thibodeaux (Chicago: Loyola Press, 2010).

4

El líder catequético parroquial de tres dimensiones: ser, conocer, hacer

Quizás hayas oído hablar de un peculiar personaje conocido como Flat Stanley. Basado en una serie de libros infantiles de principios de la década de los sesenta y popularizado por un maestro de escuela a mediados de los años noventa, Flat Stanley es un muñeco de papel que los niños llevan consigo cuando viajan a diversos destinos y con quien se toman fotografías frente a lugares famosos. Posteriormente las fotos se comparten, de modo que los niños de todo el mundo puedan desarrollar una conciencia global y cultivar su habilidad para narrar historias. Flat Stanley es divertido y cautivador. Pero hay un solo problema con Flat Stanley: es plano.

No seamos planos

Si bien Stanley pudo escabullirse por espacios reducidos y viajar por el mundo gracias al hecho de ser plano, esta no es una característica deseable en ciertos casos. No es bueno para los pies caminar con zapatos demasiado planos. Un artista evita que el paisaje que pinta quede muy plano. Un cocinero evita que sus empanadas queden demasiado planas. Un pastelero no quiere que su pastel quede demasiado plano. En tales casos, esta es una característica que se debe evitar. Esto también se aplica a los ministros catequéticos, sobre todo a los líderes catequéticos parroquiales. Somos llamados a no ser planos. A diferencia de Flat Stanley, que se maneja bien en un mundo bidimensional, un líder catequético parroquial es llamado a formarse en tres dimensiones.

Según el Directorio General para la Catequesis:

> La formación de los catequistas comprende varias dimensiones. La más profunda hace referencia al *ser* del catequista, a su dimensión humana y cristiana. La formación, en efecto, le ha de ayudar a madurar, ante todo, como persona, como creyente y como apóstol. Después está lo que el catequista debe *saber* para desempeñar bien su tarea. Esta dimensión, penetrada de la doble fidelidad al mensaje y a la persona humana, requiere que el catequista conozca bien el mensaje que transmite y, al mismo tiempo, al destinatario que lo recibe y al contexto social en que vive. Finalmente, está la dimensión del *saber hacer*, ya que la catequesis es un acto de comunicación. La formación tiende a hacer del catequista un educador del hombre y de la vida del hombre. (238)

Fundamentalmente, las tres dimensiones de la formación de los líderes catequéticos son el *ser*, el *conocer* y el *hacer*: ser un discípulo de Cristo, conocer el mensaje del Evangelio y hacer la tarea de comunicarlo. Consideremos cada una de estas dimensiones a la vez.

Ser, conocer y hacer

Comencemos por el final para dedicarle más atención al aspecto de *ser*.

La formación en la dimensión del *hacer* brinda a los ministros catequéticos las habilidades para proclamar el Evangelio con eficacia y elaborar una visión clara para el programa de formación en la fe. Para lograr estos objetivos principales, un líder catequético debe *hacer* una variedad de tareas menores, entre ellas:

- Desarrollar relaciones
- Colaborar con otros
- Resolver conflictos
- Supervisar a otros

- Diseñar, implementar y evaluar el currículo
- Elegir libros de texto
- Usar redes sociales
- Reclutar, capacitar y formar catequistas
- Tomar decisiones
- Fomentar la comunidad
- Delegar responsabilidades
- Mantener los expedientes
- Llevar un presupuesto
- Comunicar con eficacia
- Propiciar reuniones
- Abogar por el ministerio catequético

La formación en la dimensión del *conocer* ayuda a los líderes catequéticos a adquirir el conocimiento suficiente de la fe católica, de los principios catequéticos, y de la teoría del desarrollo organizativo y del liderazgo. Entre las muchas cuestiones que el líder catequético parroquial debe conocer se pueden mencionar las siguientes:

- la doctrina católica (en lo que respecta a los credos, la cristología, la eclesiología, la Virgen María y los santos, los sacramentos, la liturgia, la moral, la justicia social, la enseñanza social católica y la oración)
- documentos catequéticos (Catecismo de la Iglesia Católica, Directorio General para la Catequesis, Directorio Nacional para la Catequesis, *Sentíamos arder nuestro corazón*, *Catechesi Tradendae*, *Renewing the Vision* [Renovando la visión], *Vayan y hagan discípulos*)
- encíclicas papales y exhortaciones apostólicas como *Redemptoris Missio*, *Deus Caritas Est* y *Evangelii Gaudium*
- modelos catequéticos
- recursos catequéticos (entre ellos, libros de texto, videos, recursos digitales)
- estructuras diocesanas
- organizaciones catequéticas locales y nacionales como la *National Conference for Catechetical Leadership* (NCCL) [Conferencia

Nacional para el Liderazgo Catequético], National Association for Lay Ministry (NALM) [Asociación Nacional para el Ministerio Laico], Federación Nacional para el Ministerio Católico de la Juventud, Asociación Nacional para la Educación Católica y Federación para la Catequesis con Hispanos (FCH)

Y todo esto nos lleva al tema principal de este capítulo y, fundamentalmente, de todo el libro: la dimensión de *ser*. Ante todo, los líderes catequéticos deben recibir una formación que los ayude a descubrir su vocación y a afianzar su espiritualidad. Además de adquirir un conocimiento más profundo de nuestra fe y de dominar las habilidades y métodos para conducir un programa de formación en la fe, los líderes catequéticos debemos vivir y experimentar nuestra fe católica, lo que implica prestar mucha atención a nuestra espiritualidad. Como líder catequético, no eres un simple coordinador o director de un programa. Más bien, eres testigo de una Persona viva: Jesucristo. Y como tal, eres llamado a cultivar esa relación y a compartir esa relación con los demás. Estas acciones, tanto el cultivar como el compartir tu relación con Cristo, conforman tu espiritualidad.

La espiritualidad de un ministro catequético

Si bien todo ser humano tiene espiritualidad, cada espiritualidad es única. Debido a tu vocación como líder catequético parroquial, eres llamado a cimentar tu viaje espiritual en varios recursos específicos. Estos recursos se mencionan y se estudian en la *Guide for Catechists* [Guía para los catequistas] (1993), editada por la Congregación para la Evangelización de los Pueblos del Vaticano. Esta guía describe la espiritualidad de los ministros catequéticos. Esta singular espiritualidad está marcada por las siguientes seis características:

1. Apertura a Dios: reconocemos que solo Dios nos sostiene.
2. Apertura a la Iglesia: no somos autosuficientes.

3. Apertura al mundo: buscamos a Dios en todas las cosas y en todas las personas.
4. Autenticidad de vida: no podemos dar aquello que no tenemos.
5. Celo misionero: debemos arder con la Palabra de Dios.
6. Devoción a María: miramos a la Virgen María y a los santos en busca de guía.

Consideremos rápidamente cada uno de estos seis aspectos de la espiritualidad de los ministros catequéticos.

Apertura a Dios

La espiritualidad comienza reconociendo que, en lo más profundo, somos incapaces de sostenernos a nosotros mismos y que, por lo tanto, dependemos de un poder que está fuera de nosotros. Ese poder es Dios. No obstante, para los cristianos, la apertura a Dios no es simplemente la aceptación intelectual de la existencia de un poder superior sin nombre y sin rostro. Es más bien la acción de aceptar una relación de amor con un Dios de relaciones de amor. En las Sagradas Escrituras, Dios no se revela a sí mismo como un poder superior vago o borroso, ni como el dios de algún aspecto menor de la naturaleza, tal como el viento, la lluvia, el trueno o el fuego. Al revelarse a Moisés, Dios dijo: "Yo soy el Dios de tu padre, el Dios de Abrahán, el Dios de Isaac, el Dios de Jacob" (Éxodo 3:6). A su vez, Jesús dijo: "El Padre y yo somos uno" (Juan 10:30). Jesús es el rostro de Dios, y nuestro Dios es un Dios que nos salva. Nuestra apertura a Dios es simple y llanamente la aceptación de la dependencia total de una Persona a la que reconocemos como la fuente de toda vida. El líder catequético parroquial es alguien que desea una profunda intimidad con Dios y que es llamado a invitar a otros a hacer lo mismo. La apertura a Dios es el deseo de ser transformado por esta relación que inspira y de invitar a otros a esta transformación que salva y que sustenta.

Apertura a la Iglesia

En su libro *The Road to Character* (Random House, 2015) [El camino del carácter], David Brooks nos recuerda que "nadie llega a dominar su propio ser por sí solo [v.d.t.]. La voluntad, la razón, la compasión y el carácter del individuo no son lo suficientemente fuertes como para derrotar de manera consistente el egoísmo, la soberbia, la codicia y el engaño propio. Todos necesitamos una ayuda redentora externa: familia, amigos, ancestros, normas, tradiciones, instituciones, modelos y, para los creyentes, Dios" (12). Es por esta razón que los seguidores de Cristo somos llamados a ser espirituales *y* religiosos: no puede haber lo uno sin lo otro. Ya que nuestro Dios es un Dios de relaciones, él eligió comunicar su voluntad redentora por medio de su Hijo, Jesucristo. A su vez, Jesús ha confiado esta misión a sus seguidores con la guía del Espíritu Santo. Como líder catequético, no eres autosuficiente. En cambio, se te ha llamado y enviado a una misión en nombre de Jesucristo (y de su Iglesia), por medio de la cual hallarás la redención. Al llevar a cabo esta misión, la Iglesia te alimentará, sostendrá y nutrirá. Ser abierto a la Iglesia significa reconocer y apreciar la relación forjada y formada en el Bautismo cuando te convertiste en miembro del Pueblo de Dios, la Iglesia. Al igual que en cualquier relación humana, esta relación con la Iglesia en ocasiones puede implicar tensiones y conflictos. Sin embargo, el líder catequético saludable siempre recuerda y honra la fuente de su gracia redentora, que proviene de Jesús por medio de su Iglesia, por el poder del Espíritu Santo.

Apertura al mundo

Nuestro Dios de relaciones creó el mundo y todo lo que hay en él como un don para sus hijos. Nuestro Dios de relaciones sigue cuidando de su mundo y de todos y de todo lo que hay en él. En realidad, tanto amó Dios al mundo, que entregó a su Hijo único, para vivir en medio de sus hijos. Dios no ha vuelto la espalda al mundo, sino que se lo puede ver reflejado en él. Como líder catequético, eres llamado a ministrar en la imagen de Dios, que se deleita en el mundo y no se aleja de él. Nuestro llamado a una relación con Dios supone y requiere que nos relacionemos con el mundo y con los demás seres humanos. La apertura al mundo significa proclamar un Evangelio que se encarna en el mundo, que procura reconocer al Dios ya presente en el mundo y que acoge lo que es bueno en el mundo a la vez que procura que aquello que está por debajo de las expectativas despliegue todas sus posibilidades. Como líder catequético, tu misión no será la de invitar a las personas a que se retiren del mundo, sino a que se relacionen más profundamente con él para que de verdad encuentren al Pueblo de Dios dondequiera que estén. Esto no significa que simplemente debas sumergirte en el mundo e identificarte ciegamente con él. Más bien, significa tener un encuentro con el mundo, hacerlo participar y desafiarlo a que sea transformado en y por medio de Cristo para que pueda, con más claridad, asemejarse al mundo que Dios desea.

Autenticidad de vida

En última instancia, la espiritualidad nos lleva a ser la persona que Dios desea que seamos. Es una manera de descubrir nuestro verdadero ser y nuestro verdadero potencial. Lamentablemente, es posible que dediquemos demasiado tiempo y energía a presentarle al mundo "falsas" versiones de nosotros mismos, como si nos probáramos distintos atuendos con la esperanza de hallar algo con lo que nos sintamos y veamos bien. Nuestro Dios de relaciones nos ayuda a vernos como realmente somos: defectuosos y a la vez redimidos. Nuestro Dios de relaciones nos invita a que estemos "revestidos de Cristo": a vivir a la imagen de su único Hijo, que vino como alguien que sirve a los demás con humildad. Por medio del Bautismo, te has "revestido" de Cristo y te has convertido en miembro de su Cuerpo. Como líder catequético, eres llamado a invitar a otros a hacer lo mismo. El liderazgo catequético no es un sombrero que te pones y te quitas a voluntad, sino una forma de vida que invita a otros a acercarse a Jesús. Solo conociendo de manera auténtica a Jesús, asimilando su mensaje y siguiendo el modo católico de vida que nos conduce a él podrás llevar también a otros hacia él.

Celo misionero

Hace poco sostuve una conversación con el párroco de una parroquia católica de gran tamaño ubicada en un suburbio de la Arquidiócesis de Chicago. El párroco comentó los resultados de una encuesta llevada a cabo por él y otras parroquias católicas para determinar por qué tantos católicos de la zona optaban por asistir a iglesias evangélicas cercanas. Citó lo habitual: el deseo de mejores prédicas, mejor música y una comunidad más acogedora. Sin embargo, lo que más le llamó la atención fue algo que observó se repetía más de lo esperado: muchos de los que respondieron a la encuesta dijeron que se sentían atraídos por el nivel de energía en la comunidad evangélica, algo que les parecía que faltaba en su parroquia católica.

Los Hechos de los Apóstoles nos cuentan que tres mil personas se sintieron atraídas a la Iglesia de los primeros siglos, no porque quedaran "maravillados" de las sanidades o los milagros ni impresionados por una retórica elevada de los apóstoles. Más bien, no pudieron resistir el gozo y la energía contagiosos de los apóstoles, quienes estaban llenos del Espíritu Santo; tan llenos, ¡que muchos se preguntaban si no estarían embriagados! Como explico en mi libro *Bajo la influencia de Jesús: La experiencia transformadora de encontrarse con Cristo*:

> En algún momento, por desgracia, perdimos esta rica y entusiasta forma de proclamar el Evangelio, es como si la Iglesia hubiese decretado alguna especie de "prohibición" contra la embriagadora influencia del Espíritu Santo. La nueva evangelización, la renovación y el reenfoque de la misión de la Iglesia en el siglo XXI, es el

> toque de clarín que llama a los cristianos de todo el mundo a beber del Espíritu Santo y a comenzar a vivir una vida transformada bajo la influencia de Jesucristo.

Como líder catequético, tú sirves en una función con alta exposición al público. Es imprescindible entonces que lo que emane de ti, ante todo, sea un celo por la Palabra de Dios, un deseo de ver que la Buena Nueva se esparce cual incendio forestal. El Papa Francisco nos recuerda que los cristianos no debemos tener "cara de vinagre" (*Evangelii Gaudium*), sino que ante todo, de nosotros debe emanar el gozo. La espiritualidad es la práctica de prestar atención a las brasas ardientes del alma e invitar al Espíritu Santo a azuzar las llamas y hacer que ardamos por Cristo para que otros no puedan resistirse a la idea del discipulado.

Devoción a María

Todos tenemos modelos y mentores a imitar, es decir, personas que tenemos en alta estima y a quienes deseamos parecernos. No tratamos de convertirnos en ellos, sino que nos esforzamos por integrar algunas de sus actitudes y comportamientos a nuestra propia personalidad. Los católicos miran a la Virgen María y a los santos principalmente por esta razón: ellos nos enseñan a vivir como discípulos de Cristo. María fue la primera maestra de Jesús y su primera discípula. Ella es, como dijo san Juan Pablo II en *Catechesi Tradendae*, un "catecismo viviente" y un "modelo de los catequistas". La espiritualidad de todos los bautizados se enriquece con la devoción a María, tan arraigada dentro de la comunidad latina. Como líder catequético, particularmente, tu ministerio puede enriquecerse con la devoción a la Santa Madre y a todos los santos que nos muestran el camino a la verdadera Luz del Mundo, Jesucristo.

En un ejemplar de la revista *Catechetical Leader* [El líder catequético] (mayo/junio, 2009) de la *National Conference for Catechetical Leadership* [Conferencia Nacional para el Liderazgo Catequético], el padre Joseph Pellegrino señala que en las obras de arte, María, la Madre de Jesús, suele aparecer alzando al niño Jesús "para que él bendiga al mundo, para que él nos bendiga" [v.d.t.]. Sigue diciendo que "así como María estuvo dispuesta a presentar a Dios al mundo por medio de su fe y obediencia, como catequistas somos llamados a presentar a Dios al mundo. Debemos decidirnos a presentar a Jesús, el Señor, al mundo" [v.d.t.]. María ejemplifica cuatro maneras distintas en las que, como líder catequético, puedes presentar a Cristo al mundo como ella lo hizo.

María	**Tú, como líder catequético parroquial**
María se sorprendió con la noticia que el ángel le trajo: ella había sido elegida por Dios para ser la madre de su único Hijo. Con valentía, María aceptó la invitación.	Seguro te sorprendiste cuando te sugirieron que sirvieras al Señor como líder catequético. ¡Pocos de nosotros, si es que hay alguno, soñó con llegar a ser director de educación religiosa! El "que se cumpla" de María te puede inspirar para aceptar la voluntad de Dios, aun cuando no la entiendas del todo.
No bien María aceptó la voluntad de Dios para convertirse en la madre de nuestro Salvador, se puso manos a la obra y visitó a su prima Isabel, que también estaba encinta.	Al igual que María, eres llamado a poner manos a la obra como líder catequético y así estar presente para otros, sobre todo para nuestros catequistas y para los padres de los niños que participan en nuestro programa.
En las Sagradas Escrituras, María es descrita como alguien que atesoraba el obrar misterioso de Dios en el mundo y que "meditaba todo en su corazón" (Lucas 2:19).	Como líder catequético, tú también eres llamado a ser contemplativo y a reflexionar sobre los misterios de la vida, meditando en la presencia de Dios, y en su obrar en tu vida y en la vida de los demás.

María estuvo al pie de la cruz cuando Jesús sufrió y murió.	En tu ministerio, te encontrarás con personas que sufren. Al igual que María, puedes estar plenamente presente para aquellos que lo necesitan.

Resumen: Escoge la mejor parte

"Cuando una sola es necesaria. María escogió la mejor parte y no se la quitarán". (Lucas 10:42)

En el Evangelio de Lucas, vemos que Jesús visitó la casa de Marta y María. Mientras estaba allí, Marta estaba muy atareada con todas las tareas de hospitalidad mientras su hermana María estaba sentada a los pies de Jesús escuchando sus enseñanzas. Cuando Marta se quejó ante Jesús por esto, él la reprendió por su ansiedad y le aseguró que María había escogido "la mejor parte" (Lucas 10:42). En tu ministerio como líder catequético, serás responsable de muchas tareas administrativas e indudablemente esto te producirá mucha ansiedad e inquietud por saber de dónde vendrá la ayuda. En tiempos como estos, es importante no dejar de lado "la mejor parte", es decir, dejar a un lado el *hacer* y el *conocer* por un momento para que puedas *ser* en la presencia de Jesús y morar en su Palabra viva. *Ser* en la presencia de Dios es el centro de la espiritualidad. Como líder catequético, tu espiritualidad será sustentada con la apertura a Dios y la dependencia de él; con la apertura a la guía y al sustento de la Iglesia; con la apertura a la posibilidad de encontrar a Dios en todas las cosas y en todas las personas de este mundo; recordando que tu ser auténtico es defectuoso pero a la vez redimido; invitando al Espíritu Santo a avivar permanentemente la pasión por el ministerio; y mirando a María y los santos para que te muestren "cómo se hace".

Para reflexionar y conversar

- La noción de *ser* puede sonar como un lujo que un ministro atareado no puede darse cuando hay tanto por conocer y por hacer. ¿Por qué *ser* es tan importante para la función del líder catequético? ¿Qué peligros le esperan a quien se concentra en *conocer* y *hacer* pero pasa por alto *ser*?
- Para un líder catequético, ¿cuáles son los beneficios de una apertura a Dios? ¿De una apertura a la Iglesia? ¿De una apertura al mundo? ¿De ser auténtico? ¿De estar lleno de celo misionero? ¿De la devoción a María? Responde con tus propias palabras y pensamientos.

Madurar como líder catequético

De las tres dimensiones de la formación espiritual —*ser*, *conocer* y *hacer*— ¿a cuál es a la que debo prestar más atención? ¿Cuál es mi fortaleza? ¿Cómo se relacionan las tres entre sí?

Visita www.loyolapress.com/lce para acceder a la hoja de ejercicios.

El líder catequético eficaz

NATIONAL CONFERENCE CATECHETICAL LEADERSHIP
LOYOLAPRESS.

Evaluar mi bienestar espiritual

Dedica tiempo a evaluar tu bienestar espiritual reflexionando sobre cada una de las seis características de la espiritualidad del ministerio catequético. Escribe algunos pensamientos sobre lo que puedes hacer para mejorar o sostener tu bienestar espiritual en cada área.

Características espirituales de un ministro catequético	Califícate de 1 a 5, siendo 1 el puntaje mínimo (tu debilidad) y 5 el máximo (tu fortaleza).	¿Qué puedo hacer para mejorar o sostener mi bienestar espiritual en esta área?
Apertura a Dios Reconozco que solo Dios me sostiene y recurro a Dios para pedirle su fortaleza y su gracia en todo lo que hago.	1 2 3 4 5	
Apertura a la Iglesia Reconozco que soy llamado y enviado por la Iglesia, y busco su sabiduría y su guía.	1 2 3 4 5	
Apertura al mundo Reconozco la gracia de Dios y su presencia en el mundo, y con confianza me esfuerzo por traer esperanza al mundo.	1 2 3 4 5	
Autenticidad de vida Tengo una relación viva con el Señor, y sinceramente creo y practico lo que predico a otros.	1 2 3 4 5	
Celo misionero Tengo un alto nivel de energía y entusiasmo por mi ministerio, y me siento inspirado a ir y servir a otros.	1 2 3 4 5	
Devoción a María y a los santos Miro a María y a los santos como guía e inspiración en mi ministerio.	1 2 3 4 5	

Llamados por nuestro nombre: prepararse para la vocación de líder catequético — Capítulo 4

Acción sugerida

En el mundo de hoy hay un mito: que cuanto más hagamos, tanto mejor será nuestra vida. En realidad, lo cierto es lo contrario: cuanto menos hagamos, tanto más reales, humanos y "presentes" estaremos. Busca hoy un banco o un escalón en algún lugar agradable y siéntate con tranquilidad por al menos diez minutos. Trata de visitar este sitio al menos una vez al día solo para hacer una pausa y dejar que tu alma se sintonice con tu cuerpo.

Recursos adicionales

La mochila del catequista: Lo indispensable para el camino espiritual. Joe Paprocki y Julianne Stanz (Chicago: Loyola Press, 2015).

El poder de la pausa: cómo ser más haciendo menos. Terry Hershey (Edición en Kindle, Sal Terrae, 2010).

Guía para los catequistas (Congregación para la Evangelización de los Pueblos, 2017).

5

Practicar el arte de ser: espiritualidad y conciencia espiritual

La persona promedio de hoy no clama por una dieta regular de doctrina, ni tu función primordial como líder catequético es transmitir doctrina. Esto no quiere decir que la doctrina no sea importante. Es absolutamente esencial para una fe plena y madura. No obstante, no lideramos con doctrina. No lideramos con pronunciamientos morales. En cambio, lideramos con la proclamación de una Persona, Jesucristo, e invitamos a otros a que se relacionen con él. En otras palabras, lideramos con espiritualidad.

¡Ese es el espíritu!

Como líder catequético, eres llamado a ser líder espiritual, alguien que nutre la vida espiritual del Pueblo de Dios. Las personas a las que sirves no esperan que seas teólogo (aunque sí esperan que tu teología sea sólida), sino más bien un compañero espiritual, alguien que les ayude a encontrar a Dios en su vida cotidiana y a afianzar su amistad con él.

En general, la espiritualidad tiene que ver con la manera en que los humanos vivimos y alimentamos nuestra relación con Dios. Todo ser humano tiene una espiritualidad. En la tradición espiritual cristiana, una persona se relaciona con Dios en Jesucristo y por medio de él. Cuando la buscamos activamente, la espiritualidad cristiana es un camino hacia la santidad.

Si bien la vida espiritual de todos los cristianos comparte determinadas características, la espiritualidad de cada persona es única. Está influenciada, entre otros, por su:

- educación
- formación
- género
- edad
- contexto cultural/étnico
- ubicación geográfica

Por lo tanto, podemos hablar de espiritualidades celtas, ignacianas, dominicas e hispanas, por citar algunos ejemplos. De igual modo, la espiritualidad de una persona está influenciada por su vocación o por la etapa de su vida. Una persona casada tiene una espiritualidad distinta a la de un sacerdote o una monja, que son célibes. La vida espiritual de una persona soltera se expresa de manera distinta a la de una persona casada.

Teniendo esto en cuenta, podemos hablar de la espiritualidad de los ministros catequéticos: todos aquellos que facilitan la formación en la fe con niños, jóvenes, adultos jóvenes o adultos en general. Dios nos llamó a un ministerio único y, por lo tanto, tenemos una espiritualidad única. Para que puedas atender la espiritualidad de otros es fundamental que comiences por atender tu propia espiritualidad.

¿Buscas algo más?

La vida espiritual comienza con esta pregunta: *¿Buscas algo más?* Ser una persona espiritual significa creer que hay más de lo que se ve a simple vista y estar sediento por ese "algo más". La salud espiritual se halla saciando esa sed al beber de la copa correcta. Así como el sistema inmunológico se fortalece con los cuidados adecuados (dieta, ejercicio, manejo del estrés), nuestro bienestar espiritual depende del equilibrio y la armonía. Sin ese equilibrio, quizás terminemos conformándonos con poco en vez de esforzarnos por más, una evidencia de que nuestro espíritu necesita ser sanado.

Por suerte tenemos un médico divino, Jesucristo, que nos ofrece el camino hacia el bienestar espiritual.

El bienestar espiritual nos permite vivir ese "algo más" que buscamos. Lamentablemente, muchas personas perciben hoy el cristianismo no tanto como un camino espiritual, sino como un código de ética. Si bien es cierto que el cristianismo tiene un código moral, el centro de la Buena Nueva de Jesús es una invitación a caminar por un sendero espiritual que nos lleve a una intimidad con nuestro Creador. Dicho de otro modo, la espiritualidad cristiana es la creencia de que Dios, ese "algo más" que desea nuestro corazón, es accesible por medio de Jesucristo y de su Palabra viva. Como líder catequético eres llamado a contribuir a que la Iglesia recupere la espiritualidad del mensaje cristiano y lograr que los seguidores de Jesús vivan el bienestar espiritual que Jesús promete cuando dice: "La paz les dejo, les doy mi paz" (Juan 14:27).

¿Quién alimenta a quién?

Hoy en día es habitual escuchar a la gente hablar sobre "alimentar el alma". ¡Hasta hay libros que afirman que se puede alimentar el alma con "sopa de pollo"! Por desgracia, captamos las cosas a la inversa: no tenemos que alimentar el alma, sino que es necesario que el alma nos alimente a nosotros. Nuestra alma es inmortal e inmutable pues es *imago Dei*, la imagen de Dios, que es inmortal e inmutable. Nuestra alma no se apaga si la ignoramos. En cambio, *nosotros* nos apagamos cuando no dejamos que el alma, el *imago Dei*, nos alimente. Por lo tanto, nuestro objetivo no es alimentar y cuidar el alma, sino dejar que el alma nos alimente y nos cuide a nosotros.

¿Cómo lo logramos? Empezando con una pausa. En *El poder de la pausa*, Terry Hershey narra la historia de un estadounidense que realizaba un safari por África; había investigado mucho y había hecho un itinerario y un cronograma con muchas actividades. Hasta había contratado gente del lugar para llevar las provisiones durante el viaje. Por varios días, él y sus ayudantes se levantaron temprano y recorrieron grandes distancias a pasos acelerados. No obstante, una mañana después de varios días, sus ayudantes se negaron a seguir avanzando y decidieron sentarse a la sombra de un árbol. Cuando el viajero manifestó su descontento y exigió saber por qué no querían seguir avanzando, un intérprete le respondió: "Están esperando a que su alma se sintonice con su cuerpo" (xix) [v.d.t.].

Es necesario que nuestra alma nos alimente y refresque, y eso comienza cuando hacemos una pausa para dejar que nuestra alma se "sintonice" con nuestro cuerpo. Debemos dejar a un lado *conocer* y *hacer* y concentrarnos en *ser*. En *Más allá de la caja de herramientas del catequista: catequesis que no solo informa, sino que también transforma*, escribí que en el Reino de Dios, la forma primaria de expresión es el silencio. Thomas Keating, un monje trapense, dice que "el silencio es la primera lengua de Dios; todo lo demás es una mala traducción. Para escuchar esa lengua debemos aprender a permanecer quietos y descansar en Dios" (Invitación a amar). Esta quietud y este silencio, esta pausa espiritual, no son espacios vacíos sino, como lo explica el Papa Benedicto XVI, este silencio "debe ser, naturalmente, más que una ausencia de palabras y acciones, un silencio lleno de contenido". Para él, el silencio es una quietud positiva que nos restaura y nos ayuda a descubrir "lo que es verdaderamente importante" (*El espíritu de la liturgia*). El silencio "tiene la capacidad de abrir en la profundidad de nuestro ser un espacio interior, para que Dios habite, para que permanezca su mensaje, y nuestro amor por Él penetre la mente, el corazón y aliente toda la existencia" (Aciprensa, 7 de marzo de 2012).

Acceso al alma

En *Inner Compass: An Invitation to Ignatian Spirituality*, [La brújula interior: una invitación a la espiritualidad ignaciana], Margaret Silf cuenta sobre una ocasión en la que asistió a una recepción en una parroquia y se dio cuenta de que, entre todos los platillos colocados en la mesa de la comida, había quedado intacta una gran vasija de ensalada de arroz. Se sintió mal por la persona que había preparado esta ensalada rechazada, hasta que se dio cuenta de que nadie la había tocado ¡por falta de cuchara! Silf prosigue diciendo que nuestra espiritualidad suele ser así: nuestra alma espera satisfacer nuestra profunda hambre, pero no tenemos cuchara. En otras palabras, no tenemos las herramientas que nos ayuden a recibir el alimento para el alma. Como líder catequético, tu tarea consiste en ayudar a las personas a que reconozcan su hambre y darles los "utensilios" que necesitan para ser alimentados por la presencia de Dios.

A lo largo de la historia de la Iglesia, algunas personas muy sabias nos han brindado tales utensilios:

- Juan de la Cruz
- Teresa de Ávila
- Teresa de Lisieux
- San Francisco de Asís
- Hermano Lorenzo
- Agustín de Hipona
- Alfonso María de Ligorio
- Catalina de Siena
- Benito de Nursia

y muchos más. Un "emisario" muy efectivo fue san Ignacio de Loyola, quien diseñó herramientas no solo para los monjes en los monasterios, sino para la gente común del mundo secular. La escuela de espiritualidad que fundó, sobre la base de su obra *Ejercicios espirituales*, brinda precisamente la dieta y el ejercicio que nuestro espíritu necesita para mantenerse saludable.

La espiritualidad ignaciana es un buen complemento para el ministerio catequético porque no se centra en la vida monástica, sino más bien en alimentar una amistad con Jesús a la vez que promueve el plan y la obra de Dios en el mundo. En esencia, la espiritualidad ignaciana se centra en "encontrar a Dios en todas las cosas", que en última instancia es el objetivo del ministerio catequético. Ignacio escribió los *Ejercicios espirituales* basándose en su propia experiencia de conversión y su deseo de lograr mayor intimidad con Dios y de ser capaz de discernir la voluntad de Dios. Ya sea que puedas practicar o no los Ejercicios espirituales de san Ignacio, resulta útil para tu ministerio catequético estar al tanto de los temas de los ejercicios y reflexionar sobre los mismos. Estos se organizan en cuatro "semanas", entendidas no como ciclos de siete días, sino como etapas de un viaje hacia el bienestar espiritual.

- La primera semana de los ejercicios nos invita a reflexionar sobre nuestra vida a la luz del ilimitado amor de Dios para nosotros. Esta semana nos convoca a ser más conscientes de nuestras fallas (patrones de pecado) y cómo estas han evitado que logremos una relación más profunda con Dios. Nos invita a acercarnos al Señor, que siempre responde con misericordia.
- La segunda semana nos invita a considerar el discipulado concentrándonos en la Persona que elegimos seguir: Jesucristo. Al reflexionar sobre la vida, enseñanzas, palabras y acciones de Jesús, discernimos la manera en que debemos cambiar nuestra vida para convertirnos en discípulos de Cristo.
- La tercera semana de los ejercicios nos invita a participar en la Pasión y muerte de Jesús para reconocer el gran don de su amor desinteresado: el sacrificio total de sí mismo como suprema expresión del amor de Dios.
- Por último, en la cuarta semana, se nos invita a reflexionar sobre la Resurrección de Jesucristo y a caminar con él mientras nos conduce al mundo para llevar su amor a los demás.

Ignacio nos enseña que una espiritualidad saludable nos llama a

- **reformar** lo que está mal formado (contaminado por el pecado);
- **conformarnos** a la mente y al corazón de Jesucristo;
- **confirmar** nuestro compromiso con Cristo, que se dio a sí mismo por nosotros; y
- **transformar** nuestra vida a la luz de Cristo resucitado.

A lo largo de los ejercicios, se nos invita a meditar, a usar la mente y la imaginación para reflexionar sobre las palabras y acciones de Jesucristo en las narraciones del Evangelio y a poner nuestra atención en los movimientos internos de nuestro corazón, discerniendo hacia dónde podrían conducirnos. San Ignacio nos inspira a desarrollar una espiritualidad que colabora realmente con el obrar de Dios en el mundo y que nos conduce a practicar el discernimiento espiritual en la toma de decisiones. Nos inspira a encontrar a Dios en todas las cosas y a responder con generosidad a la gracia abundante de Dios, viviendo como una persona para los demás.

Otro utensilio para la pausa

San Ignacio desarrolló una herramienta, o utensilio, que permite a los atareados laicos permanecer conectados con su alma. Esta herramienta se conoce como Examen Diario. El Examen es un proceso de reflexión en oración sobre los acontecimientos del día para reconocer la presencia de Dios en estos y para discernir su voluntad para nosotros. Ignacio animaba a sus seguidores a practicar el Examen dos veces al día: una al mediodía y otra al final del día. Durante cada período de entre quince a veinte minutos, Ignacio nos anima a hacer lo siguiente:

- Ser conscientes de la presencia de Dios y después mirar en retrospectiva los acontecimientos del día con la ayuda del Espíritu Santo.
- Repasar el día con gratitud, que es el fundamento de nuestra relación con Dios. Caminar con el Señor durante el día y

concentrarnos en los dones de ese día. Mirar el trabajo que realizamos, las personas con las que interactuamos y las experiencias vividas, y agradecer por esto.

- Prestar atención a las emociones y pedirle al Espíritu que nos ayude a discernir lo que Dios nos dice por medio de estas. Identificar con honestidad algunas maneras en que fallamos y pedirle misericordia a Dios.
- Concentrarnos en una característica del día y rezar por esta pidiéndole al Espíritu Santo que nos ayude a discernir la voluntad de Dios para nosotros.
- Esperar el resto del día o el día siguiente y pedirle a Dios la gracia necesaria para ser verdaderos discípulos de Cristo.

San Ignacio nos anima a hablarle a Jesús como a un amigo. Sugiere que finalicemos el Examen Diario con una conversación con Jesús, pidiéndole con espíritu de gratitud su perdón, su guía y su gracia. Por último, Ignacio sugiere que finalicemos el Examen Diario rezando el Padrenuestro.

Un enfoque más formal para el alma

En un tiempo la dirección espiritual se reservaba primordialmente a la "elite espiritual": los sacerdotes y los religiosos. En la actualidad, muchos laicos y ministros laicos, entre ellos líderes catequéticos como tú, buscan el consejo de un director espiritual. Te preguntarás: ¿qué *es* exactamente la dirección espiritual? Según William Barry, SJ, la dirección espiritual es "como la ayuda que un cristiano da a otra persona, y que capacita a esa persona para que preste atención a la comunicación personal de Dios, para que responda a este Dios que se le comunica personalmente, para que aumente su intimidad con Dios, y para que viva las consecuencias de esa relación" (*The Practice of Spiritual Direction* [La práctica de la dirección espiritual]). La dirección espiritual no es una terapia. Tampoco es una especie de régimen riguroso de oración monástica ni una experiencia esotérica. Es sencillamente una cuestión de conversar con un compañero sobre las experiencias de vida con el fin de encontrar la gracia de Dios en medio de estas. Retomaremos el concepto de dirección espiritual en el Capítulo 9.

La Eucaristía, el sacramento de la Reconciliación y las devociones

En el centro de la vida espiritual de todo católico está la Eucaristía, fuente y culmen de la vida cristiana. En el plano espiritual estamos siempre hambrientos y necesitados de sustento. Nada calma el corazón hambriento como el "regalo de trigo más fino" que es la Eucaristía. Solo Dios es la fuente de satisfacción: ni la apariencia, ni el dinero, ni las posesiones, ni el estatus, ni los amigos, ni la familia, ni la ubicación geográfica, ni el estatus económico, ni la popularidad, ni el poder, ni las habilidades. Solo Dios.

Algunos clubes o grupos tienen un símbolo que representa quiénes son: una bandera, un emblema, un apretón de manos secreto o un uniforme. Para los católicos, la Eucaristía —algo que hacemos, algo que celebramos— es la expresión suprema de lo que somos: el Cuerpo de Cristo. El mensaje de la Eucaristía es muy claro. En lo más profundo, somos incapaces de sustentarnos a nosotros mismos. Dependemos del Señor. Para los líderes catequéticos, no hay mejor modo de hallar sustento y alimento espiritual que por medio de la Eucaristía, incluyendo el pasar tiempo en presencia del Santísimo Sacramento en adoración contemplativa.

Otro importante camino hacia la gracia para el líder catequético es el sacramento de la Reconciliación. Nuestra fe católica no consiste en salir adelante por cuenta propia cuando hemos caído. En cambio, se trata de depender totalmente de la gracia y la misericordia de Dios para poder levantarnos. En el sacramento de la Reconciliación hallamos la gracia del perdón que necesitamos para doblegar las fragilidades humanas. Es especialmente beneficioso saber en nuestro corazón y en nuestra alma que nuestra relación con Dios y con la Iglesia está en buenas condiciones de salud. Y, por supuesto, la paz y la serenidad de conciencia, el consuelo espiritual y el aumento de la fortaleza espiritual que hallamos en el sacramento de la Reconciliación son beneficiosos para cualquier ministro pastoral.

Por último, muchos líderes catequéticos hallan excelente sustento espiritual en la lectura regular de las Sagradas Escrituras y en la oración a partir de las mismas (sobre todo la *lectio divina*), así como en las prácticas devocionales, sobre todo el Rosario.

La espiritualidad, en definitiva, es ser para los demás

En su discurso de apertura del Encuentro Mundial de las Familias en Filadelfia en 2016, el Obispo Robert Barron habló sobre vivir como la *imago Dei*, como la imagen de Dios. Señaló que la imagen divina "no es un privilegio especial al que nos aferramos para nuestro propio beneficio espiritual. En cambio, como en la gran parábola de los talentos, la imagen de Dios es para el mundo. Debemos considerarnos representantes de Dios que traemos su poder, su sabiduría, su corazón y su mente al mundo. La imagen de Dios es una misión y una responsabilidad" [v.d.t.].

El Obispo Barron dirigió estas palabras a las familias, pero pueden aplicarse también a la función del líder catequético. Prestar atención a tu propio bienestar espiritual es, en última instancia, un requisito previo para poner la atención en el bienestar espiritual de otros. Y todo comienza con hacer una pausa y conectarte con tu alma, permitiéndote enamorarte de Dios. Según las palabras de Pedro Arrupe, Prepósito General de los jesuitas entre 1965 y 1983, "Aquello de lo que te enamores, lo que arrebate tu imaginación, afectará todo. Determinará lo que te haga levantar por la mañana, lo que harás con tus atardeceres, cómo pases tus fines de semana, lo que leas, a quien conozcas, lo que te rompa el corazón y lo que te llene de asombro con alegría y agradecimiento. Enamórate, permanece enamorado, y esto lo decidirá todo".

Que tu imaginación sea capturada por un amor de Dios que te impulse a levantarte cada mañana para compartir ese amor con los demás.

Resumen: Ustedes han oído decir

Ustedes han oído que se dijo: "Ojo por ojo, diente por diente". Yo les digo que no opongan resistencia al que les hace el mal. Antes bien, si uno te da una bofetada en [tu] mejilla derecha, ofrécele también la otra. Al que quiera ponerte pleito para quitarte la túnica déjale también el manto. Si uno te obliga a caminar mil pasos, haz con él dos mil. Da a quien te pide y no vuelvas la espalda a quien te pide prestado. (Mateo 5:38–42)

Jesús tiene una visión de una realidad alternativa: el Reino de Dios, un estado de ser donde reina la voluntad de Dios. Nuestra alma está diseñada para vivir en esta realidad, y la función de la espiritualidad es permitirle a nuestra alma que nos alimente para que podamos vivir como verdaderos discípulos de Cristo. Como líder catequético, eres llamado a ser líder espiritual, no teólogo. Tu tarea consiste en buscar "ese algo más" del Reino de Dios prestando atención a tu propio bienestar espiritual para que puedas ayudar a otros a hacer lo mismo. San Ignacio de Loyola ofrece muchos "utensilios" para servir porciones saludables de alimento espiritual, sobre todo los *Ejercicios espirituales* y el Examen Diario. Para los católicos, el fundamento del bienestar espiritual y la gran fuente de alimento es la Eucaristía.

Otras fuentes de alimento espiritual, entre ellas el sacramento de la Reconciliación y devociones tales como rezar el Rosario, también te pueden servir de sustento.

Para reflexionar y conversar

- "No necesitamos alimentar nuestra alma: debemos dejar que nuestra alma nos alimente". ¿Qué significa esto para ti?
- ¿Qué experiencia y conocimiento tienes de la espiritualidad ignaciana, sobre todo de los *Ejercicios espirituales* y del Examen Diario?

Madurar como líder catequético

Nuestra vida espiritual depende de contar con buenos "utensilios" que permitan que nuestra alma nos alimente con el sustento que ansiamos. ¿Qué "utensilios" utilizas hoy para sustentar tu alma? ¿Qué "utensilios" debes conseguir?

Visita www.loyolapress.com/lce para acceder a la hoja de ejercicios.

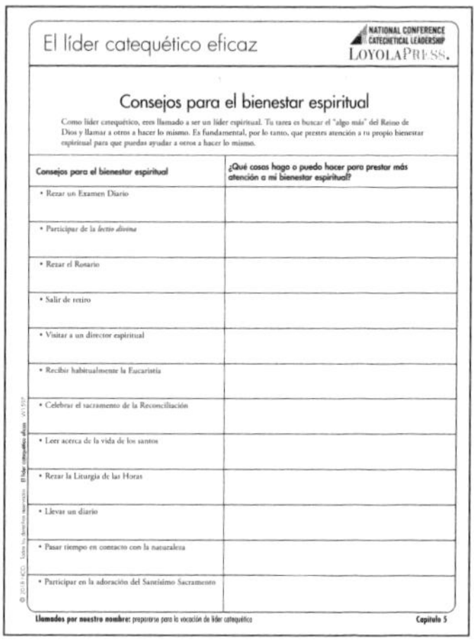
El líder catequético eficaz

NATIONAL CONFERENCE CATECHETICAL LEADERSHIP
LOYOLAPRESS.

Consejos para el bienestar espiritual

Como líder catequético, eres llamado a ser un líder espiritual. Tu tarea es buscar el "algo más" del Reino de Dios y llamar a otros a hacer lo mismo. Es fundamental, por lo tanto, que prestes atención a tu propio bienestar espiritual para que puedas ayudar a otros a hacer lo mismo.

Consejos para el bienestar espiritual	¿Qué cosas hago o puedo hacer para prestar más atención a mi bienestar espiritual?
• Rezar un Examen Diario	
• Participar de la *lectio divina*	
• Rezar el Rosario	
• Salir de retiro	
• Visitar a un director espiritual	
• Recibir habitualmente la Eucaristía	
• Celebrar el sacramento de la Reconciliación	
• Leer acerca de la vida de los santos	
• Rezar la Liturgia de las Horas	
• Llevar un diario	
• Pasar tiempo en contacto con la naturaleza	
• Participar en la adoración del Santísimo Sacramento	

Llamados por nuestro nombre: preparase para la vocación de líder catequético Capítulo 5

Acción sugerida

San Ignacio consideraba que el Examen Diario no era opcional para sus seguidores, sobre todo para aquellos que no tenían la posibilidad de celebrar la Eucaristía de manera regular debido al lugar del mundo en que se encontraban. El Examen Diario ofrece un método muy valioso para mantener tu bienestar espiritual como líder catequético. Reserva entre quince y veinte minutos al día para practicar el Examen, una vez al mediodía y otra al atardecer, con la mayor regularidad posible.

Recursos adicionales

En español

Mente abierta, corazón abierto. Thomas Keating (Bilbao: Desclée de Brouwer, 2006).

Respirar bajo el agua: La espiritualidad y los doce pasos. Richard Rohr (Herder, 2016).

Una oración sencilla que cambia la vida: Descubriendo el poder del Examen Diario de san Ignacio de Loyola. Jim Manney (Chicago: Loyola Press, 2015).

Una espiritualidad desde la fragilidad. Tony Mifsud (Bilbao: Mensajero, 2016).

Espiritualidad para educadores. Dario Mollá Llácer (Bilbao: Mensajero, 2011).

Espiritualidad para el siglo XXI. Luis Racionero Grau (Barcelona: La Vanguardia, 2016).

Espiritualidad integral. Ken Wilber y David González Raga (Kairos, 2007).

Evangelización y espiritualidad. Javier Garrido (Santander: Sal Terrae, 2009).

Moral Social y Espiritualidad. Julio Luis Martínez Martínez (Santander: Sal Terrae, 2011).

En inglés

Inner Compass: An Invitation to Ignatian Spirituality [La brújula interior: una invitación a la espiritualidad ignaciana]. Margaret Silf (Loyola Press, 1999).

And Now I See: A Theology of Transformation [Ahora veo: Una teología de la transformación]. Obispo Robert Barron (Crossroad Publishing, 1998).

God Finds Us: An Experience of the Spiritual Exercises of St. Ignatius Loyola [Dios nos busca: Una experiencia de los Ejercicios espirituales de san Ignacio de Loyola]. Jim Manney (Chicago: Loyola Press, 2013).

6

No se necesitan llaneros solitarios: el ministerio eclesial laico

¿Has notado que muchos héroes de la cultura popular son personas solitarias? Estos héroes salvan a otros, pero suelen hacerlo todo por sí solos. Piensa en Batman, Superman, Iron Man, Wolverine y (para aquellos que tenemos algunos años) el Llanero Solitario. Nuestros héroes suelen ser individuos fuertes que participan en alianzas o uniones con otros pero con mucha reticencia. Un buen ejemplo es Han Solo, el famoso personaje de *La guerra de las galaxias*. Si bien tiene un compañero, Chewbacca, Han Solo se resiste a la compañía, a la ayuda y, sobre todo, a la autoridad de otros. Representa el mito del individuo fuerte que prefiere salvar el universo por sí solo. Incluso su nombre representa el mito del individualismo: ¡*Solo*!

El mito del individualista recio

El individualismo recio es uno de los valores más generalizados en la cultura estadounidense. Valoramos la independencia. En nuestra cultura, el éxito tiende a atribuirse principalmente al trabajo duro y a la perseverancia del individuo. Nos encanta pensar que podemos levantarnos por nuestros propios medios. No obstante, las Sagradas Escrituras nos recuerdan que ser un seguidor de Jesús es lo opuesto a ser un individualista recio: es ser un miembro de una comunidad de fe.

Jesús mismo no era un individualista recio. Si bien pasó cuarenta días en soledad en el desierto, lo primero que hizo al salir de esa experiencia fue conformar un equipo, sus doce apóstoles, con quienes pasó los tres años siguientes de su vida.

Dios llama a un pueblo

Incluso en el Antiguo Testamento, si bien Dios llamó a individuos para funciones específicas, fundamentalmente llamó a un pueblo. En el Nuevo Testamento, san Pablo nos recuerda que, aunque cada uno tenga talentos y dones individuales singulares, es el único Espíritu Santo el que nos mantiene unidos como un cuerpo y nos guía para que usemos esos talentos para el servicio de la comunidad. En el Evangelio de Juan, Jesús realiza su primer milagro: transformó el agua en vino durante una fiesta de bodas en Caná. Nada habla tanto de la idea de comunidad y de estar juntos como una fiesta de bodas. Jesús no sale de la nada para realizar este milagro. No baja en picada por una telaraña, no vuela con una capa flameante ni llega en un "Jesús-móvil". Está en Caná como integrante de una comunidad. Está allí con su madre y sus discípulos. Es en medio de una celebración de esta comunidad unida donde Jesús revela su gloria.

Priscila y Aquila

Como seguidores de Jesús, somos llamados a participar en una comunidad de fe: la Iglesia. Para los católicos, la fe no es simplemente una experiencia "Dios y yo", sino una experiencia "Dios y nosotros" (veremos más sobre esto en el Capítulo 9). Como líder catequético eres llamado no solamente a ser parte de una comunidad de fe, sino también a participar en una relación especial con los sucesores de los apóstoles: los obispos. Si bien muchas personas sirven en funciones ministeriales como lectores, ministros extraordinarios de la Sagrada

Comunión, catequistas y miembros del coro, tú te has animado a cumplir la singular función de *ministro eclesial laico.*

Aunque este título fue acuñado hace poco, la realidad de que los laicos ayudan a los apóstoles y a sus sucesores en el ministerio de construir la Iglesia se remonta a los inicios mismos del cristianismo. Por ejemplo, en el Nuevo Testamento, un matrimonio, Priscila y Aquila, se menciona no menos de seis veces como colaboradores del apóstol Pablo. (Hechos 18:2–3, 18, 26; Romanos 16:4; 1 Corintios 16:19; 2 Timoteo 4:19). Priscila y Aquila eran fabricantes de tiendas de campaña, misioneros y colaboradores de san Pablo, un colega a quien conocieron en Corinto. Trabajaron juntos en esa actividad por un tiempo, pero al final llegaron a ser compañeros de trabajo en la viña de Cristo cuando se unieron para proclamar el Evangelio de Jesucristo en el mundo del siglo I. Si bien Pablo siguió con sus viajes misioneros, mantuvo el contacto con Priscila y Aquila. Ellos siguieron el ministerio al que Pablo los invitó y lo hicieron con el pleno reconocimiento de que estaban participando en el trabajo de Pablo. Una década y media después de que se conocieron en Corinto, Pablo mencionó a Priscila y Aquila en la carta que escribió (Romanos) mientras estaba preso en Roma. Incluso en los días previos a su muerte en Roma, Pablo reafirma su conexión con sus colaboradores Priscila y Aquila.

¿Cómo llegamos hasta aquí?

En lenguaje moderno, Priscila y Aquila eran ministros eclesiales laicos, un término aprobado por la Conferencia de Obispos Católicos de los Estados Unidos y utilizado en el documento *Colaboradores en la viña del Señor* (2005) para mencionar a los laicos que sirven a la Iglesia en funciones específicas pero que no están ordenados. En breve aprenderemos más sobre estas funciones. Entre tanto, consideremos cómo el ministerio eclesial laico ha evolucionado a lo largo de los siglos. El siguiente resumen ha sido adaptado de *Serving the Catechetical Mission of the Church* [Sirviendo la misión catequética de la Iglesia], de James Campbell.

- **33–125 d.C.** Los apóstoles y otros discípulos proclamaban de manera oral la Buena Nueva de Jesús en las sinagogas, contando historias y protagonizando escenas que hallamos hoy en los Evangelios. Con el tiempo, la enseñanza de la Iglesia adoptó forma escrita cuando Pablo y otros proclamaron la Palabra en las Cartas y en los Evangelios.
- **125–300** Enfrentando un mundo hostil a los valores cristianos, la Iglesia de los primeros siglos resaltó una relación personal que consistía en uno con Cristo. El modelo fundamental para la catequesis era el catecumenado: un proceso de iniciación a la forma cristiana de vida. El obispo era la figura catequética principal.
- **300–600** Cuando Constantino oficializó el cristianismo como religión del Imperio romano, grandes cantidades de personas se convirtieron al cristianismo. Si bien el catecumenado siguió siendo el modelo fundamental de la catequesis y el obispo siguió teniendo una función catequética principal, la introducción del bautismo de infantes dio la responsabilidad a los padres de catequizar a sus hijos en el hogar.
- **600–1100** Cuando el Imperio y la civilización romanos colapsaron, dando paso al "Oscurantismo", los monasterios brindaron orden y estabilidad mientras que el catecumenado dejó de practicarse. En cambio, poblaciones enteras fueron convertidas e instruidas gracias a la predicación del clero. Mientras tanto, se esperaba que los padres enseñaran a sus hijos el Credo de los Apóstoles y el Padrenuestro.
- **1100–1500** A medida que se reconstruía la civilización y la Iglesia católica establecía las primeras universidades, una corriente de pensamiento conocida como escolasticismo se convirtió en la influencia más importante para los párrocos. La predicación y la

educación se concentraron menos en la historia de la salvación y más en la teología abstracta y el pensamiento lógico. Debido a que muchas personas del continente europeo nacían en comunidades totalmente moldeadas por la fe católica, había poca necesidad de una catequesis sistemática. Los padres siguieron enseñando a sus hijos el Credo, las oraciones católicas y otros artículos de fe básicos, así como devociones.

- **1500–1900** La invención de la imprenta revolucionó la catequesis al propiciar la impresión de Biblias y materiales catequéticos de forma masiva. Como respuesta a la reforma protestante, el Concilio de Trento inspiró el primer catecismo universal, y se puso énfasis en materiales catequéticos de alta calidad: catecismos locales que los sacerdotes parroquiales podían utilizar para enseñar fielmente la fe católica.
- **1840–1960** A medida que oleadas de inmigrantes llegaban a las costas de los Estados Unidos a principios del 1800 y se encontraban con un sistema de educación pública controlado por protestantes, la Iglesia católica estadounidense respondió con la creación del sistema escolar católico y elaboró el *Catecismo de Baltimore*, que se enfocó en la memorización de preguntas y respuestas sobre fórmulas doctrinales. Las órdenes religiosas, sobre todo de mujeres religiosas, formaron el "ejército" de catequistas que supervisaron esta formación catequética en las escuelas y los programas CCD (*Confraternity of Christian Doctrine* [Confraternidad de la doctrina católica]) mientras que la familia siguió formando a sus hijos en la oración y las devociones.
- **1960–hasta la actualidad** Si bien los padres siguieron confiando en la escuela parroquial o en el programa de educación religiosa parroquial para formar a sus hijos en la fe, la función de la familia y la sociedad cambió radicalmente a partir de los años sesenta, lo que derivó en menos formación de la fe en los hogares. Mientras tanto, a medida que la cantidad de sacerdotes y religiosos

disminuía de manera drástica, la cantidad de laicos en el ministerio aumentó vertiginosamente. Del mismo modo la matriculación en las escuelas católicas declinó de manera constante, pero la cantidad de programas parroquiales de educación religiosa aumentó, y junto con ese desarrollo vino la demanda de líderes catequéticos profesionalmente formados. Hoy esta función la cumplen principalmente los ministros eclesiales laicos.

Respondiendo a una nueva realidad

En la actualidad, los programas catequéticos siguen intentando responder a las nuevas realidades de la sociedad y en especial de la familia. En el contexto de este movimiento se encuentran los ministros eclesiales laicos que sirven como líderes catequéticos. Según el estudio "Los ministros eclesiales laicos de los Estados Unidos" (febrero 2015) publicado por el *Center for Applied Research in the Apostolate* (CARA) [Centro para la Investigación Aplicada del Apostolado], entre 1990 y 2010 la cantidad de sacerdotes en los Estados Unidos descendió de 52,000 a 40,000; la cantidad de hermanas, de 103,000 a 58,000; y la cantidad de hermanos, de 7,000 a 5,000. Durante ese mismo período, la cantidad de ministros eclesiales laicos aumentó de 22,000 a casi 40,000. He aquí otros datos pertinentes sobre este ejército de ministros al cual perteneces ahora.

- El 80% son mujeres.
- La edad promedio es de 55 años, y solo el 15% es menor de 40 años.
- El 89% considera que su ministerio es una vocación y no simplemente un empleo.
- Cerca de la mitad trabaja 40 horas en promedio por semana.
- El 46% tiene un título universitario o profesional.

- El 88% son blancos; el 9%, hispanos; menos del 2%, afro-americanos; menos del 2%, asiáticos; y menos del 1%, nativos americanos.
- Más de 4 de cada10 sirven como líderes catequéticos.

La función del ministro eclesial laico tiene las siguientes cuatro características:

- **Autorización.** El ministro eclesial laico tiene la autorización del obispo o de algún otro miembro de la jerarquía eclesiástica para servir públicamente en la iglesia local. Dicha autorización tiene la forma de una certificación (el reconocimiento de que un individuo adquirió los niveles de competencia necesarios), nombramiento (encargo o comisión a una posición específica) y el anuncio público del nombramiento (que a menudo incluye una duración del cargo) a la comunidad a la que servirá. Del mismo modo que resulta tranquilizador saber que un médico o un abogado tiene las credenciales apropiadas de una fuente confiable, es bueno que el Pueblo de Dios sepa que sus ministros eclesiales laicos tienen las credenciales apropiadas y la debida autorización del obispo.
- **Liderazgo.** El ministro eclesial laico es llamado a servir en un área particular del ministerio. Las funciones comunes asumidas por los ministros eclesiales laicos en la vida parroquial incluyen asociados pastorales, líderes catequéticos parroquiales, ministros de jóvenes, directores de escuela y directores de liturgia o de música pastoral. Además, los ministros eclesiales laicos, más allá de la vida parroquial, sirven como ministros de guía espiritual en hospitales y entornos de sanidad pública como ministros de campus y como ministros pastorales en prisiones y aeropuertos.

- **Estrecha colaboración.** El ministro eclesial laico es llamado a colaborar estrechamente con los obispos, sacerdotes y diáconos en su diócesis o parroquia y a ser responsable ante estos. Los ministros eclesiales laicos no reemplazan a los ordenados, como tampoco compiten con ellos. La función del ministro eclesial laico es distinta de la del ordenado y, a la vez, la complementa.
- **Preparación y formación.** Se requiere que los ministros eclesiales laicos tengan la preparación y la formación suficientes para la función específica que se les asigna. El derecho canónico nos recuerda que "los laicos que de modo permanente o temporal se dedican a un servicio especial de la Iglesia tienen el deber de adquirir la formación conveniente que se requiere para desempeñar bien su función. . ." (231). Esta formación se concentra en el desarrollo de cuatro áreas clave: cualidades humanas, espiritualidad, conocimiento de estudios teológicos y pastorales, y habilidades intelectuales. Dicha formación no está diseñada para crear un nuevo estado clerical ni para fomentar el elitismo, sino para asegurar que el Pueblo de Dios está siendo servido por personas plenamente capacitadas para servir con eficiencia en su función. Como líder catequético, tú serás el rostro visible de la Iglesia para muchas personas en una variedad de circunstancias.

La preparación y la formación garantizan que serás un fiel representante de la Iglesia.

Construyamos juntos

La esencia del ministerio eclesial laico es la colaboración, un término que a decir verdad puede generar temor. Como lo explica Emmanuel Gobillot en su libro *Disciplined Collaboration* [Colaboración disciplinada] la idea de colaborar con otros genera temores sobre los siguientes aspectos:

- Pérdida de valor personal: si comparto mis conocimientos con otros, ¿me volveré prescindible?
- Pérdida de calidad: si se me exige compromiso, ¿disminuirá la calidad?
- Pérdida de impulso: si debo trabajar con otros, ¿llevará más tiempo hacer las cosas que si las hiciera por mí mismo?
- Pérdida de control: ¿la colaboración implica pérdida de control sobre determinados aspectos de mi función?

Estos son temores muy reales y, sin embargo, como ministro eclesial laico, eres llamado a colaborar mutua y generosamente, no solo con otros ministros eclesiales laicos sino con obispos, sacerdotes, diáconos y otros miembros del Cuerpo de Cristo en la Iglesia.

¿Cuál es, entonces, la clave para la colaboración efectiva? Según Gobillot, la colaboración será exitosa solo si se abordan apropiadamente estos cuatro temores.

Para abordar el temor de la pérdida de. . .	**El colaborador debe. . .**
Valor personal	Reconocer y articular las habilidades, cualidades y características (y no simplemente el conocimiento) que hagan que el grupo lo valore.
Calidad	Fomentar y elaborar un sentido de propósito que contagie y dé impulso a otros miembros del grupo y fortalezca los vínculos entre ellos.
Impulso	Elaborar un proceso y fomentar un diálogo que genere impulso y que una aquellos elementos separados para lograr un resultado deseado.
Control	Soltar el control general sin dejar de estar "a cargo" de tareas específicas.

A estas alturas ya te habrás dado cuenta de que para que haya verdadera colaboración se requiere mucho más que "ser agradable" unos con otros. Requiere de habilidades concretas y de una metodología concreta.

A fin de cuentas, cualquier grupo de personas que colaboran procuran trabajar juntas para llegar a tener el conocimiento y las estrategias necesarias para lograr un objetivo. Pero, ¿de qué manera un grupo de individuos llega a saber, o sabe, cómo hacer *cualquier cosa* de manera conjunta? El filósofo y teólogo jesuita Bernard Lonergan, ya fallecido, esbozó cuatro imperativos para la colaboración exitosa.

1. **Estar atentos.** El primer paso en la tarea de llegar a un conocimiento juntos es observar, reconocer y reflexionar sobre aquello que observamos. Para el ministro eclesial laico, esto implica escuchar la voz de todos.

2. **Ser inteligentes.** El siguiente paso en la tarea de llegar a un conocimiento juntos es indagar, cuestionar, investigar y buscar entendimiento y claridad sobre distintos puntos de vista. Para el ministro eclesial laico, esto implica hacer las preguntas que deban ser hechas con el fin de reunir la información suficiente para que un grupo avance.
3. **Ser razonables.** El tercer paso en la tarea de llegar a un conocimiento juntos es hacer conexiones, evaluar distintos enfoques y puntos de vista y emitir juicios. Para el ministro eclesial laico, esto implica hacer conexiones cada vez que sea adecuado y posible y llegar a una decisión sobre la base de la evidencia y de los puntos de vista que se presentaron.
4. **Ser responsables.** El paso final en la tarea de llegar a un conocimiento juntos es comprometerse a la acción y después responsabilizarse por las acciones tomadas. Para el ministro eclesial laico, esto implica comprometerse a un curso de acción que sea el resultado de un verdadero trabajo de colaboración y después sostener esa acción cuando sea evaluada, aceptando las observaciones de los demás como una oportunidad de aprender y crecer, punto en el que el proceso vuelve a empezar.

Si bien los cuatro imperativos de Lonergan (estar atentos, ser inteligentes, ser razonables y ser responsables) están diseñados con la intención de lograr conocimiento individual, se aplican igualmente a la colaboración. Para los católicos, la colaboración no es fundamentalmente una técnica para que "se hagan las cosas", sino una expresión de lo que somos: el Cuerpo de Cristo. En su libro *Sharing Wisdom* [Compartiendo sabiduría], Mary Benet McKinney, O.S.B., explica que "nadie tiene toda la sabiduría; todos tienen una porción distinta; todos tienen algo de sabiduría" [v.d.t.]. Según McKinney, la colaboración requiere ciertamente más de nosotros porque no es un modelo aplicable a la administración, sino un proceso de convertirnos en Iglesia.

Entonces, ¿cuáles son las cualidades necesarias para que un ministro eclesial laico sobresalga en la colaboración? Según Dan Ebener (*Servant Leadership Models for Your Parish* [Modelos de liderazgo servicial para su parroquia]), los siguientes aspectos son fundamentales:

- **Respeto** hacia los demás
- **Apertura** a diversos puntos de vista e ideas
- **Ecuanimidad** para brindar tiempo equitativo a distintos puntos de vista
- **Predisposición para atender** las necesidades de los demás
- **Privacidad** y respeto por la confidencialidad
- **Estar presentes** para los demás y prestar atención a sus puntos de vista
- **Compromiso** para lograr los resultados deseados para el grupo

Al son del jazz

La esencia del jazz es la improvisación por parte de un miembro de la banda en respuesta a la improvisación de otro. Las voces musicales conversan y se fusionan para crear algo nuevo y único. Para que una colaboración en jazz sea exitosa, los integrantes de la banda deben ser igualitarios: deben ser buenos para escuchar, deben ser capaces de interactuar y de ser receptivos; y deben estar dispuestos a cambiar de rumbo “sobre la marcha”.

En muchos sentidos, las habilidades de las que dependen los músicos de jazz para adquirir este alto nivel de colaboración son válidas para la colaboración en el ministerio. Consideremos la siguiente lista de habilidades creada por el presentador radial de programas de jazz Scott McDowell titulada “Lo que los solistas de jazz deben saber sobre la colaboración creativa”. Para cada habilidad que identifica McDowell he añadido un par de ideas sobre cómo se relaciona con el ministerio.

- **Práctica constante.** Con la práctica constante los músicos de jazz pueden intuir hasta dónde pueden llegar sus compañeros de banda. Como ministro eclesial laico, cada intercambio con ministros colegas es una oportunidad para desarrollar la capacidad de intuir cómo están posicionados los ministros colegas.
- **Escuchar.** Un músico de jazz aprende a prestar atención a sus músicos colegas y detectar pistas a partir del lenguaje corporal y el tono. Como ministro eclesial laico debes prestar atención a lo que los ministros colegas dicen en vez de simplemente pensar en cómo responderás.
- **Innovación.** Los músicos de jazz aprenden a desarrollar nuevos enfoques en vez de depender de las mismas viejas fórmulas y patrones. Como ministro eclesial laico aprenderás a prescindir de “la manera en que siempre se han hecho las cosas” para improvisar, para atender cada situación con un enfoque fresco.
- **Estimular a otros a la acción.** Los músicos de jazz aprenden a tocar notas que respaldan o que estimulan a los compañeros de banda o a los solistas, animándolos a refinar sus propias ideas y, por lo tanto, a dar lo mejor de sí. Como ministro eclesial laico, una de las maneras más efectivas de colaborar es enfocarte en despertar en quienes te rodean lo mejor de sí mismos y, como dirían los músicos de jazz, “transferirles energía”.

- **Errar con dignidad.** Debido a que dependen tanto de la innovación, los músicos de jazz aprenden a aceptar los pasos en falso como parte del proceso que los lleva a la excelencia. La colaboración genuina en el ministerio puede fomentarse con una predisposición a admitir y aceptar los errores, propios y ajenos, como parte natural del proceso.

En definitiva, un colaborador es alguien que opera más desde una perspectiva de "nosotros" que de "yo"; alguien que aprecia los dones que otros aportan al grupo; alguien que es confiable y que confía, que construye relaciones y que es un diplomático más que un guerrero. Como ministro eclesial laico, la colaboración es una de tus responsabilidades primordiales así como una de tus herramientas más importantes. Para el ministro eclesial laico, la colaboración genuina no es tanto una estrategia para realizar una tarea con eficacia, sino un fin en sí misma, una expresión y una experiencia de fe. Por lo tanto, resulta apropiado concluir este capítulo con las palabras usadas por los obispos de los Estados Unidos al concluir su documento *Colaboradores en la viña del Señor*:

> Tenemos la bendición de contar con colaboradores extremadamente talentosos y generosos en la viña del Señor, a la que todos hemos sido llamados. Continuemos el trabajo juntos como una "comunidad de personas reunidas en Cristo, y guiadas por el Espíritu Santo en [nuestro] peregrinar hacia el reino del Padre, portadoras de un mensaje para toda la humanidad".

Resumen: Dios dispone todas las cosas para el bien

Sabemos que Dios dispone todas las cosas para el bien de los que le aman, de los llamados según su designio. (Romanos 8:28)

A veces parece más sencillo y agradable hacer las cosas por uno mismo. Después de todo, hacer todo por cuenta propia es hacerlo "a la americana". Como miembro del Cuerpo de Cristo y como ministro eclesial laico, no obstante, eres llamado a trabajar en conjunto, es decir a colaborar, con otros miembros fundamentales de la Iglesia para promover el Reino de Dios. El ministerio eclesial laico es, en cierto modo, nuevo, y sin embargo tiene raíces antiguas en nuestra Iglesia. Las características fundamentales de servir como ministro eclesial laico consisten en que has sido autorizado por el liderazgo de la Iglesia, has asumido una función específica de liderazgo en el ministerio, colaboras generosamente con compañeros y superiores, y te comprometes con la formación continua. Bernard Lonergan, SJ, nos brinda estrategias sensatas para la colaboración efectiva: estar atentos, ser inteligentes, ser razonables y ser responsables.

Para reflexionar y conversar

- ¿De qué manera el servicio como ministro eclesial laico es la antítesis del mito estadounidense del individualista fuerte?
- ¿Cuáles han sido tus experiencias en cuanto a la colaboración? ¿En qué momentos han sido exitosas y por qué lo han sido? ¿Qué dones específicos aportas al proceso de colaboración?

Madurar como líder catequético

La colaboración es fundamental para un servicio efectivo como ministro eclesial laico. ¿Quiénes son las personas clave con las que se te ha llamado a colaborar? ¿Qué aspectos de esta colaboración son positivos? ¿A qué obstáculos se puede enfrentar la colaboración?

Visita www.loyolapress.com/lce para acceder a la hoja de ejercicios.

El líder catequético eficaz

NATIONAL CONFERENCE CATECHETICAL LEADERSHIP
LOYOLAPRESS.

Preguntas frecuentes sobre el ministerio eclesial laico

Como miembro del Cuerpo de Cristo y como ministro eclesial laico, eres llamado a trabajar en conjunto, es decir, a colaborar con otros miembros clave de la Iglesia para promover el Reino de Dios. El ministerio eclesial laico es, en cierto modo, nuevo, y sin embargo tiene raíces antiguas en nuestra Iglesia. Las características fundamentales de este ministerio consisten en que has sido autorizado por el liderazgo de la Iglesia, has asumido una función específica de liderazgo en el ministerio, colaboras generosamente con compañeros y superiores y te comprometes a la formación continua. Estas son algunas de las preguntas frecuentes y sus correspondientes respuestas acerca del ministerio eclesial laico.

1. **¿Dónde puedo hallar un enunciado sobre la visión de los obispos de los Estados Unidos para el ministerio eclesial laico?**
   En 2005, los obispos de los Estados Unidos emitieron un documento titulado *Colaboradores en la viña del Señor: un recurso para guiar el desarrollo del ministerio eclesial laico*. Este documento enuncia la visión de los obispos con respecto al ministerio eclesial laico.
2. **¿Qué es un ministerio eclesial laico? ¿Quiénes son ministros eclesiales laicos?**
   Los ministros eclesiales laicos son ministros no ordenados (laicos) que, en virtud del Bautismo, son llamados y están preparados para servir en un ministerio específico en colaboración con la jerarquía y bajo su autorización y supervisión.
3. **¿Cuáles son algunos ejemplos de ministros eclesiales laicos?**
   Algunos ejemplos comunes de ministros eclesiales laicos en la vida parroquial son los siguientes: asociados pastorales, líderes catequéticos parroquiales, ministros de jóvenes, directores de escuelas y directores de liturgia o de música pastoral. Los ministros eclesiales laicos también prestan servicios en hospitales, en entornos de sanidad pública, en prisiones y como ministros de campus.
4. **¿Cuántos ministros eclesiales laicos prestan servicios en la actualidad en los Estados Unidos?**
   Según el *Center for Applied Research in the Apostolate* (CARA) [Centro para la Investigación Aplicada del Apostolado], en la actualidad hay casi 40.000 personas trabajando como ministros eclesiales laicos en los Estados Unidos. Casi el 80% son mujeres; la edad promedio es de 55 años; solo el 15% es menor de 40 años; el 89% considera que su ministerio es una vocación y no simplemente un empleo; cerca de la mitad trabaja en promedio 40 horas a la semana; el 46% tiene un título universitario o profesional; el 88% es blanco, 9%, hispano, menos del 2%, afroamericano, menos del 2%, asiático y menos del 1%, nativo americano; y más de 4 de cada 10 prestan servicios en el liderazgo catequético.
5. **Si aumenta el número de sacerdotes, ¿seguirá siendo necesario el ministerio eclesial laico?**
   El ministerio eclesial laico no se considera una medida provisoria. Los obispos de los Estados Unidos sostienen que siempre existirá la necesidad de cultivar, desarrollar y sostener vocaciones para el ministerio eclesial laico.
6. **¿Qué califica a una persona para servir como ministro eclesial laico?**
   Aquellos que son llamados a servir en el ministerio eclesial laico deben prepararse exhaustiva e intensamente poniendo énfasis en cuatro áreas de formación: humana, espiritual, intelectual y pastoral. Es deseable que los ministros eclesiales laicos obtengan una maestría o al menos una licenciatura en un campo de estudio apropiado.

Llamados por nuestro nombre: prepararse para la vocación de líder catequético — **Capítulo 6**

Acción sugerida

Bernard Lonergan, SJ, ofrece cuatro imperativos para la colaboración exitosa: estar atentos, ser inteligentes, ser razonables y ser responsables. Aplica estos cuatro imperativos a una experiencia de colaboración en la que participes en la actualidad. ¿De qué manera puede cada imperativo ayudarte a ser un colaborador más eficaz?

Recursos adicionales

En español

Colaboradores en la viña del Señor: Un recurso para guiar el desarrollo del ministerio eclesial laico. (USCCB, Washington, D.C., 2006).

Ministerios de laicos. José Aldazábal Larrañaga (Barcelona: CPL Dossiers, 1987).

Laicos en la Nueva Evangelización. Ramiro Pelletero Iglesias (Navarra: Rialp, 2013).

Los fieles laicos, Iglesia en la entraña del mundo. Pilar Río (Pelícano, 2015).

El trabajo en equipo. Vivir creativamente el conflicto. José Carlos Bermejo Higuera, Ana Martínez Cuevas (Santander: Sal Terrae, 2009).

Comunidades para evangelizar. Luis María Larrea Legarreta, Fernando Sebastián Aguilar (Madrid: PPC, 2007).

En inglés

Sharing Wisdom: A Process for Group Decision Making [Compartiendo sabiduría: un proceso para la toma de decisiones]. Mary Benet McKinney, O.S.B. (Allen, TX: Tabor Publishing, 1987).

Lay Ecclesial Ministry: Pathways toward the Future [Ministerio eclesial laico: sendas hacia el futuro]. Editado por Zeni Fox Rowman & Littlefield (Publishers, 2010).

Servant Leadership Models for Your Parish [Modelos de liderazgo servicial para su parroquia]. Dan R. Ebener (Mahwah, NJ: Paulist Press, 2010).

7

Dos caras de la misma moneda: una relación de alianza

En *El joven Frankenstein* —una de mis películas favoritas— Teri Garr interpreta a Inga, la asistente del doctor Frankenstein. Con un acento alemán exagerado, ella pronuncia, con mucha gracia, la frase *el sentimiento es mutuo* como "el sentimiento es muuutsuo". Para los fines de este capítulo esto no reviste mayor importancia, salvo el hecho de que me es imposible escuchar, leer o pronunciar la palabra *mutuo* ¡sin recordar cómo la decía Inga! Todo esto baste para anotar que una palabra fundamental en este capítulo es *mutualidad.*

Mutualidad

Toda relación sana depende, en cierto grado, de la mutualidad. En otras palabras, ambas partes reconocen y participan en un objetivo común y se comprometen a contribuir de manera equitativa a alcanzar dicho objetivo. No se trata de un toma y daca: va mucho más allá de "te doy esto y tú me das aquello". En vez de una transacción matemática, existe un compartir enriquecedor y desinteresado; una reciprocidad que le permite a cada integrante prosperar y disfrutar de los beneficios de la relación sin que quede agotado por el constante dar sin recibir.

En las Sagradas Escrituras, sobre todo en el Antiguo Testamento, este concepto de mutualidad se expresa con el término *alianza*. En el antiguo Oriente Medio, las personas celebraban alianzas que enunciaban los derechos y deberes para asegurarse de que podían trabajar juntas de manera efectiva. Para los israelitas, la alianza central era la relación sagrada entre Dios y el pueblo de Israel. En esta alianza iniciada por Dios, el pueblo de Israel tenía determinadas obligaciones que cumplir —a saber la Torá, que incluye los Diez Mandamientos— a cambio de la promesa de la presencia y el amor eternos de Dios. Otras alianzas de la época se celebraban entre partes iguales pero la alianza entre Dios y los israelitas, no. Esto la hacía mucho más sagrada. Su Dios estaba más allá de toda comprensión, pero estaba dispuesto a encontrarlos a mitad de camino para llamarlos una y otra vez a su constante presencia.

Una relación sagrada

En tu función como ministro eclesial laico, puede ser útil pensar en tu relación con la Iglesia como una alianza. Aunque a veces la relación parece más un contrato comercial, es mucho más que eso: es una relación sagrada. Como ministro eclesial laico existe una relación simbiótica entre la Iglesia y tú. Como con cualquier otra relación, esta puede ser muy compleja. En su esencia, sin embargo, hay una cualidad de mutualidad. Tanto tú como la Iglesia tienen derechos y responsabilidades: tú le "debes" a la Iglesia algo, y asimismo la Iglesia, como tu empleador, te "debe" algo a ti. Tú ocupas ambas caras de la misma moneda.

En este capítulo exploraremos las dos caras de la moneda teniendo en cuenta que esta relación no involucra a adversarios, sino a miembros del mismo equipo —el Cuerpo de Cristo— que procuran el mismo fin: ¡proclamar la Buena Nueva a todo el mundo! Identificar y establecer estos derechos y deberes es una manera de fomentar el profesionalismo y asegurar la competencia de los ministros eclesiales laicos y, por ende, la excelencia de las parroquias católicas.

Qué le debes a la Iglesia

Un ministerio pastoral altamente competente acorde con tus dones y con la descripción específica de tus funciones

La Iglesia te ha vinculado por una razón específica: brindar servicio como ministro eclesial laico con responsabilidades particulares. Es importante para ambas partes que las responsabilidades sean claramente definidas. El cargo de líder catequético parroquial viene en una variedad de formas y tamaños, y varía de una parroquia a otra y de una diócesis a otra. Algunos sirven como directores de educación religiosa y de formación de la fe, poseen un título universitario en teología o estudios pastorales, y son responsables de todos los aspectos de la formación de la fe en la parroquia, desde "la cuna hasta la tumba". Otros son designados como coordinadores de educación religiosa y de formación en la fe. Estos ministros pueden tener certificación como catequistas o haber realizado estudios avanzados en catequesis en vez de tener un título universitario, y podrían asumir o no la responsabilidad del programa de formación en la fe de los niños. Algunos cargos son de tiempo completo, otros de tiempo parcial, e incluso, algunos son de voluntariado. Sea cual sea tu título o sueldo (¡o la ausencia de los mismos!), le debes a la Iglesia el cumplir la promesa de llevar a cabo tus responsabilidades ministeriales al máximo de tus capacidades según el alcance acordado de tus funciones.

Fidelidad a la enseñanza de la Iglesia y respeto a la autoridad eclesial

Ten en cuenta lo que dijimos sobre no ser un llanero solitario. Le debes a la Iglesia el transmitir de manera fiel las enseñanzas de Jesús y los apóstoles tal como las recibiste. Si bien habrá momentos en que tengas dificultades con una enseñanza o práctica de la Iglesia en particular, es tu responsabilidad pedir en oración la gracia necesaria para reflexionar de manera más profunda sobre ese tema en particular, llegar a entender mejor lo que la Iglesia enseña y por qué, y presentar fielmente dicha enseñanza a los feligreses. Tú decides si quieres compartir tus opiniones en entornos privados con amigos de confianza o familiares. Pero en entornos públicos, le debes a la Iglesia el presentar fielmente sus enseñanzas y hablar con respeto sobre su autoridad y sobre aquellos que están en puestos de autoridad.

Compromiso con la formación continua

En el ministerio catequético, predicamos que la formación en la fe es un esfuerzo de toda la vida. Nunca dejamos de crecer en la fe pues Dios es infinito y somos llamados a profundizar permanentemente en el misterio de Dios. Como ministro catequético, eres llamado a practicar lo que predicas, esforzándote por participar de la formación permanente en los distintos planos: el humano, el espiritual, el intelectual y el pastoral. La formación continua es una de las maneras en que puedes mantenerte atento y al tanto de los temas, las tendencias y los enfoques de actualidad en el ministerio catequético. En *Los 7 hábitos de la gente altamente efectiva*, Stephen Covey identifica el "afilar la sierra", es decir, reservar tiempo para la renovación, el crecimiento y la superación personal, como el séptimo hábito. Le debes a la Iglesia el seguir "afilando la sierra" como líder catequético para que efectivamente puedas llamar a otros a crecer en la fe y el discipulado.

Honestidad, integridad, virtud y responsabilidad

Como se mencionó anteriormente, serás el rostro visible de la Iglesia para muchos y en diversas circunstancias. Esto significa que se te ha llamado a recibir a personas y a interactuar con ellas de un modo que demuestre lo que significa ser discípulo de Cristo. Si bien todos los bautizados somos llamados a llevar una vida virtuosa, el atender este llamado es crucial para los ministros eclesiales laicos. Como ministro de la Iglesia debidamente nombrado, le debes a la Iglesia el ser una persona honrada cuyos valores sean coherentes con el Evangelio. Eres responsable ante tu párroco, ante el obispo y ante todos aquellos a quienes sirves. La manera en que te conduces mientras realizas tu labor es tan importante como el resultado final de la labor que realizas. Proclamar la Buena Nueva de Jesús tendrá poco efecto a menos que las personas que reciben ese mensaje te vean como una persona honesta, íntegra, fiel y virtuosa. Asegúrate de preguntar si en tu diócesis existe un código de pautas éticas que deban seguir los ministros eclesiales laicos.

Generosidad, confiabilidad, pasión y compasión

Comenzamos este capítulo hablando sobre el concepto de una relación de alianza y el hecho de que tu relación con la Iglesia es más que un contrato comercial o un acuerdo de toma y daca. Como tal, esta alianza te llama a abordar tu labor con un corazón generoso y confiable, a ir más allá de lo mínimamente requerido y a alcanzar el *magis*, ese "algo más" del que habló san Ignacio. También eres llamado a ser alguien que transmite una pasión por el Evangelio de Jesucristo de una manera genuina y consistente con tus dones y tu predisposición. (Hay muchas maneras y formas de transmitir la pasión, desde un susurro ¡hasta un grito!). Por último, el centro de tu ministerio no deberían ser tus logros sino las necesidades del Pueblo de Dios, de modo que tu enfoque debe estar impulsado por un sentido de compasión.

Le debes a la Iglesia el ministrar con responsabilidad y también con generosidad, pasión y compasión. La gracia de Dios ha sido derramada en ti con tal abundancia que es justo y necesario que respondas con un corazón y un espíritu generosos.

Lo que la Iglesia te debe

Descripción por escrito de tus funciones

Como se dijo anteriormente, ¡tus capacidades *sí* tienen límites! La Iglesia te debe una descripción por escrito de tus responsabilidades específicas y de tu remuneración. Si te exigen responsabilidades adicionales, es justo pedir una compensación adicional. Una buena descripción o perfil de funciones del ministerio que propicia el éxito debería incluir lo siguiente (tomado de *Employing Parish Catechetical Leaders: A Practical Handbook* [Empleando líderes catequéticos parroquiales: Una guía práctica], de la *Wisconsin Directors of Religious Education Federation* —WDREF— [Federación de Directores de Educación Religiosa de Wisconsin]:

- Título de tu cargo específico (coordinador, director, etc.).
- Cualidades y calificaciones deseadas en el cargo (conocimiento, capacidades, habilidades).
- Identificación como un trabajo remunerado o no remunerado; de tiempo completo o de tiempo parcial; y, si corresponde, la cantidad mínima de horas semanales necesarias para cumplir con las tareas asignadas.
- El alcance de tus responsabilidades y las tareas relacionadas con las mismas, que pueden incluir la supervisión de los programas de formación en la fe para algunos o todos los siguientes grupos así como de otros:
    - Adultos y adultos jóvenes
    - Jóvenes y adolescentes
    - Alumnos de escuela primaria
    - Alumnos de kindergarten y preescolar
    - Feligreses con necesidades especiales
    - Estudiantes de escuelas parroquiales

- ◦ Estudiantes de escuelas bíblicas vacacionales
- ◦ Participantes en el proceso de RICA (niños y adultos)
- ◦ Participantes de catequesis familiar o intergeneracional
- ◦ Feligreses en preparación para recibir los sacramentos (Bautismo, sacramento de la Reconciliación, Primera Eucaristía, Confirmación, Matrimonio)

- Una descripción del proceso de evaluación.
- Detalles relacionados con el sueldo y los beneficios (incluyendo seguro de salud, dental, de vida o por discapacidad, vacaciones, días festivos, asignación para educación, tiempo para retiros y ayuda financiera, reembolso por viajes, licencia por enfermedad o por cuestiones personales, licencia por duelo, jubilación, formación continua, compensación por desempleo, licencia de maternidad y portabilidad de beneficios, entre otros).
- Identificación del superior ante quien eres responsable.
- Duración del cargo (10 o 12 meses).
- Personal a supervisar.
- Responsabilidades administrativas.
- Expectativas de participación en organizaciones parroquiales, regionales, diocesanas y nacionales.

Un sueldo digno y justo y beneficios adecuados

Si bien no ingresaste a este ministerio como un medio para hacerte rico, se te *debe* un sueldo justo que te permita vivir cómodamente y que te alcance para el sustento, tuyo y de tu familia, así como beneficios que incluyan tiempo adecuado de vacaciones para mantener tu equilibrio mental y para que tu alma y tu cuerpo repongan fuerzas. Los obispos de los Estados Unidos aseguran que "todos los principios morales que rigen el funcionamiento justo de cualquier esfuerzo económico aplican a la Iglesia y sus agencias e instituciones; por cierto, la

Iglesia debería ser ejemplo" [v.d.t.] (*Economic Justice for All* 347 [Justicia económica para todos]). Prosiguen diciendo: "nosotros los obispos nos comprometemos al principio de que todos aquellos que servimos a la Iglesia —laicado, clero y religiosos— deberíamos recibir medios de vida suficientes y los beneficios sociales de parte de empleadores responsables en nuestra nación" [v.d.t.] (351). El derecho canónico también exige que "los administradores de bienes. . . deben pagar un salario justo y honesto al personal contratado, de manera que este pueda satisfacer convenientemente las necesidades personales y de los suyos" (1286). Este principio se expresa también en la enseñanza social católica, sobre todo respecto del principio de la dignidad del trabajo y los derechos de los trabajadores. Dicen los obispos que "si se ha de proteger la dignidad del trabajo, entonces debe respetarse los derechos básicos de los trabajadores: el derecho a un trabajo productivo, a salarios adecuados y justos, a organizar sindicatos y a unirse a ellos, a la propiedad privada y a la iniciativa económica" (*Sharing Catholic Social Teaching: Challenges and Directions*, [Compartiendo la enseñanza social católica: Desafíos y direcciones] USCCB).

En resumen, tienes el derecho de pedir el salario y los beneficios que consideres justos.

Tiempo y apoyo financiero para la formación continua

Si bien participar en programas de formación continua es una deuda que tienes contigo mismo, la Iglesia te debe oportunidades para dicha formación como también el tiempo y el apoyo financiero para hacerlo. Los seminarios, talleres, conferencias y tareas propias de la asignatura tienen un costo y no deberían ser una carga para ti. La parroquia y/o la diócesis deberían proporcionar ayuda financiera en forma de una asignación anual o de becas para formación continua. Además, tus superiores deben reconocer que dicha formación toma tiempo. Se te debe conceder el tiempo suficiente para que puedas "afilar la sierra" sin ansiedad ni presiones innecesarias, las cuales inhiben el crecimiento espiritual y profesional en vez de promoverlos. Por último, el contrato debería incluir tiempo remunerado y financiamiento para uno o más retiros anuales. El tiempo de retiro no es un lujo; es un medio necesario para que la relación de un ministro eclesial laico con el Señor reciba el tiempo, la oración y la atención necesarios para fortalecerse. Sin este tiempo de retiro corremos el riesgo de olvidar que ser catequista es una vocación.

Políticas sólidas y bien articuladas

Si bien la Iglesia no es un negocio, sí hace negocios, y tu cargo hace parte de esto. Asegúrate de informarte sobre las políticas pertinentes para contrataciones, rescisiones, evaluaciones periódicas, beneficios y entornos saludables, así como sobre políticas canónicas que aplican para el ministerio catequético y los distintos procedimientos diocesanos, entre ellos el debido proceso en caso de reclamos (por ejemplo, cuando se incumplen las políticas). Me permito hacer énfasis en las evaluaciones periódicas formales: un párroco no te hace ningún favor si no exige tal evaluación con el argumento de que te estás desempeñando muy bien. Si bien el no exigirla puede resultar reconfortante, la lamentable consecuencia será que tu expediente personal quedará en blanco. Cuando el próximo párroco tome su lugar, no tendrá ningún registro de tu rendimiento y tú no tendrás fundamentos sólidos para defender tu caso con respecto a tu rendimiento laboral, el alcance de tu puesto, o tu sueldo, en caso de que surja alguna cuestión. Las evaluaciones periódicas no solo crean un registro de tu servicio, sino que les dan a ti y a tu párroco o supervisor la posibilidad de enmendar la descripción de tus funciones, tus responsabilidades y tu remuneración a medida que tu cargo se desarrolla y se modifica en respuesta a las necesidades siempre cambiantes de la comunidad de fe. Posterior a dicha evaluación, el párroco o supervisor deberá elaborar un resumen por escrito que deberá compartir contigo y adjuntar a tu expediente personal.

Oración, apoyo y ratificación

Una vez más, puesto que tu relación con la Iglesia no es un simple acuerdo comercial sino una relación de alianza, es razonable esperar que la Iglesia ofrezca sus oraciones, su apoyo y su ratificación a tu ministerio. Sería adecuado que la parroquia te contrate y te nombre en tu puesto de manera pública al comienzo de tu ministerio, y que también reconozca y ratifique de manera pública los hitos en el camino, entre ellos los aniversarios de tu cargo y cualquier certificado o diploma en ministerio que logres. Además de un salario justo y los beneficios adecuados que brindan seguridad económica, la Iglesia también te debe apoyo espiritual y reconocimiento por tu generoso servicio.

Respeto, confianza, comunicación y confraternidad

Puesto que el actual ministerio eclesial laico sigue siendo algo novedoso para muchos, no es inusual que los ministros eclesiales laicos se sientan que son tratados como ciudadanos de segunda clase en comparación con el clero ordenado. La Iglesia te debe como ministro eclesial laico el que se te respeten las circunstancias singulares y los desafíos que enfrentas mientras te ganas la vida en el mundo secular al tiempo que sirves a la Iglesia. En efecto: la función del ministro eclesial laico es diferente de la del clero, pero es complementaria y digna de respeto y confianza. Tanto el clero como el laicado deben trabajar juntos en un espíritu de mutualidad y confraternidad con el fin de usar nuestros dones y nuestra vocación para promover el Reino de Dios.

La Iglesia: Divina y a la vez humana

Como dato de interés, mientras trabajaba en este capítulo les pregunté a varios amigos y colegas qué piensan ellos que los ministros eclesiales laicos le deben a la Iglesia y qué le debe la Iglesia a sus empleados remunerados. Las sugerencias más notables que recibí son las que le dan forma a este capítulo, y agradezco a aquellos que aportaron sus ideas. Muchos respondieron apasionadamente expresando fuertes convicciones y recomendaciones específicas. No obstante, otros me sorprendieron insistiendo en que la Iglesia "no nos debe nada". (Vale la pena aclarar que estas personas no eran ministros eclesiales laicos, sino laicos activos en ministerios parroquiales). Quizás algunas personas que lean este libro también se sientan molestas con la idea de que la Iglesia les debe algo a sus ministros.

Mi respuesta es esta: si bien es cierto que Dios no nos debe nada, la Iglesia está formada por seres humanos que tienen la obligación, como cristianos, de tratar a sus semejantes de manera justa y equitativa. La Iglesia es el Cuerpo de Cristo, pero para mantener el cuerpo saludable, todos, —tanto el clero como el laicado— somos llamados a una relación caracterizada por la mutualidad. En un mundo en constante cambio, la Iglesia debe explorar continuamente maneras más significativas y realistas de apoyar a quienes ministran en su nombre. Solo con un genuino espíritu de mutualidad podremos trabajar juntos de manera desinteresada, solícita, justa y compasiva para proclamar la Buena Nueva de Jesucristo a todo el Pueblo de Dios.

Resumen: Yo seré su Dios

Ustedes serán mi pueblo,
yo seré su Dios. (Jeremías 30:22)

A través de las Sagradas Escrituras, Dios invita continuamente a su pueblo a celebrar una relación de alianza con él. Nos pide que le seamos fieles y nos promete que nos amará y que estará cerca de nosotros sin importar las circunstancias. Nuestro Dios es un Dios de mutualidad y, como líder catequético y ministro eclesial laico, has entablado una relación de mutualidad con la Iglesia católica, una relación de alianza. De tu parte, le debes a la Iglesia competencia, fidelidad, crecimiento formativo continuo, virtud y generosidad. La Iglesia, por su parte, te debe una descripción de tus funciones específicas, un salario y beneficios justos, formación continua, oración, apoyo, ratificación y respeto. Cualquier relación que se entable en un espíritu de mutualidad persistirá y prosperará. La relación de mutualidad que has aceptado con la Iglesia te permitirá crecer y colaborar junto con la Iglesia en la promoción del Reino de Dios.

Para reflexionar y conversar

- ¿Qué relaciones de mutualidad disfrutas en tu propia vida? ¿Cuál ha sido tu aporte a esas relaciones y qué has ganado con ellas?
- ¿Qué consideras que le debes a la Iglesia en tu función como ministro eclesial laico? ¿Qué crees que te debe la Iglesia a ti?

Madurar como líder catequético

Elabora una descripción de tus funciones o, si no tienes una, haz una lista breve de servicios que se te pide que "cumplas" en tu comunidad parroquial y qué te dará la Iglesia a cambio. ¿Hay un equilibrio justo y equitativo? ¿Hay algún aspecto que no esté incluido y que deba incluirse?

Visita www.loyolapress.com/lce para acceder a la hoja de ejercicios.

El líder catequético eficaz

NATIONAL CONFERENCE CATECHETICAL LEADERSHIP

LOYOLAPRESS.

Cómo redactar una descripción de funciones de un líder catequético

Al momento de redactar la descripción de funciones de un líder catequético parroquial, es conveniente consultar los parámetros de certificación nacional para el ministerio eclesial laico [National Certification Standards for Lay Ecclesial Ministry] creados por la *Alliance for the Certification of Lay Ecclesial Ministers* [Alianza para la certificación de ministros eclesiales laicos] y aprobados por la *United States Conference of Catholic Bishops Commission on Certification and Accreditation* [Comisión de Certificación y Acreditación de la Conferencia de Obispos Católicos de los Estados Unidos]. Una buena descripción o perfil del ministerio que prepara al ministro para el éxito debería incluir lo siguiente (tomado de *Employing Parish Catechetical Leaders: A Practical Handbook* [Empleando líderes catequéticos parroquiales: Una guía práctica], de la *Wisconsin Directors of Religious Education Federation* —WDREF [Federación de Directores de Educación Religiosa de Wisconsin]):

- Título del cargo específico (coordinador, director, etc.)
- Cualidades y calificaciones deseadas en el cargo (conocimiento, capacidades, habilidades)
- Identificación como un trabajo remunerado o no remunerado; de tiempo completo o de tiempo parcial; y, si corresponde, la cantidad mínima de horas semanales necesarias para cumplir con las tareas asignadas
- Tareas específicas y alcance de las responsabilidades ministeriales, que pueden incluir todos o algunos de los siguientes grupos, así como otros:
  - Adultos/jóvenes adultos
  - Escuela secundaria
  - Escuela primaria
  - Preescolar/kindergarten
  - Necesidades especiales
  - Escuela parroquial
  - Escuela bíblica vacacional
  - RICA (niños y adultos)
  - Catequesis familiar/intergeneracional
  - Preparación sacramental (Bautismo, Reconciliación, Eucaristía, Confirmación, Matrimonio)
- Descripción del proceso de evaluación
- Detalles relacionados con el sueldo y los beneficios (incluyendo seguro de salud, dental, de vida o por discapacidad, vacaciones, días festivos, asignación para educación, tiempo para retiros y ayuda financiera, reembolso por viajes, licencias por enfermedad o por cuestiones personales, licencia por duelo, jubilación, formación continua, compensación por desempleo, licencia de maternidad, portabilidad de beneficios, entre otros)
- Identificación del superior ante quien eres responsable
- Duración del cargo (10 o 12 meses)
- Personal a supervisar
- Responsabilidades administrativas
- Participación en organizaciones parroquiales, regionales, diocesanas y nacionales

Llamados por nuestro nombre: prepararse para la vocación de líder catequético **Capítulo 7**

Acción sugerida

Es posible que hasta ahora no hayas reflexionado mucho sobre lo que la Iglesia te debe en esta relación de mutualidad. Dedica un rato a redactar una carta dirigida a la Iglesia (que no enviarás) en la que expreses en términos personales (no legales) qué necesitas de la Iglesia para cumplir con tu función de líder catequético con efectividad. Considera la idea de compartirla con un colega o con un compañero o director espiritual y úsala para ordenar tus pensamientos para la próxima evaluación de desempeño. Recuerda: en una relación de mutualidad, una evaluación de desempeño debería incluir el rendimiento de *ambas* partes.

Recursos adicionales

En español

La escuela parroquial de la fe. José Galiana Guerrero (Salamanca: Monte Carmelo, 2014).

La parroquia de la nueva evangelización. José Galiana Guerrero (Salamanca: Monte Carmelo, 2017).

Formación de agentes de pastoral de adultos. Enzo Bienmi (CCS, 2005).

Liderazgo virtuoso. Alexandre Havard (Palabra, 2016).

Liderazgo ético y ejemplaridad pública. Ángel Castiñeira, Camino Cañón, Francesc Torralba (Editorial Milenio, 2016).

En inglés

The Changing Face of the Church: Emerging Models of Parish Leadership [La Iglesia en cambio: Modelos emergentes de liderazgo parroquial]. Marti R. Jewell and David A. Ramey (Chicago: Loyola Press, 2010).

National Certification Standards for Lay Ecclesial Ministry [Parámetros de certificación nacional para el ministerio eclesial laico]. (The Alliance for the Certification of Lay Ecclesial Ministers [Alianza para la certificación de ministros eclesiales laicos] / USCCB, Washington, D.C., 2011).

Employing Parish Catechetical Leaders: A Practical Handbook [Empleando catequistas parroquiales: Una guía práctica].

(*Wisconsin Directors of Religious Education Federation* [Federación de Directores de Educación Religiosa de Wisconsin], Grantsburg, WI, 2008).

8

De la supervivencia al éxito: cómo mantener el equilibrio personal y profesional

Uno de los primeros casos de lo que hoy conocemos como "agotamiento ministerial" se registra en el Libro de 1 Reyes, Capítulos 18 y 19. Ahí vemos a nuestro viejo amigo Elías, cuyos éxitos parecen estar eclipsados por fracasos, deambulando en el desierto, totalmente desesperado y exhausto. Finalmente se desploma debajo de una retama y le dice a Dios: "¡Basta, Señor! ¡Quítame la vida, que yo no valgo más que mis padres!" (1 Reyes 19:4). Elías está agotado. Por suerte, la historia tiene un final feliz. Dios escucha su clamor de ayuda y le envía un ángel para despertarlo dos veces y para darle algo de comer y beber. Reanimado, gracias al alimento que le da Dios, Elías halla la fortaleza para continuar su viaje.

¡Basta, Señor!

Como ministro catequético, es probable que vivas momentos como este. Nadie está exento de la realidad del agotamiento pues todos somos humanos y tenemos limitaciones. Lo mejor que podemos hacer es tomar nota de los factores que contribuyen al agotamiento, participar en prácticas que neutralizan el potencial del daño causado por el agotamiento y tomar medidas curativas cuando sobrevenga.

Es muy probable que conozcas el símbolo del yin-yang, que representa, entre otras cosas, el equilibrio dinámico de energías opuestas y a la vez complementarias. Es una expresión visual de la idea de que hay dos caras de la misma moneda. Aunque las dos caras son únicas y distintas una de la otra, también son interdependientes e inseparables. El día y la noche son buenos ejemplos: cada uno es distinto del otro, pero juntos forman un entero, y uno no tendría demasiado sentido sin el otro. En la filosofía china no solo hay equilibrio entre el yin y el yang sino también armonía, que se logra cuando las dos energías o realidades se fusionan en una totalidad continua. El objetivo en la vida es procurar equilibrio y armonía.

En la tradición cristiana, la armonía se conoce como *paz*, el estado del ser en el que las realidades y energías distintas y hasta opuestas armonizan entre sí. Hallamos paz cuando nuestra voluntad y la voluntad de Dios se alinean en nuestro corazón. Hallamos paz cuando el cielo y la tierra se encuentran, como en la Encarnación; esta es la razón por la que los ángeles cantan "Gloria a Dios en lo alto y en la tierra paz" en el nacimiento de Jesús (Lucas 2:14).

El objetivo de la vida espiritual es procurar activamente esa paz. Como líder catequético se te llama a procurar esa paz en tu propio corazón y a llevar a otros a procurar esta paz en su vida, y en la sociedad en general, alineando nuestras voluntades con la voluntad de Dios. "Venga tu reino, hágase tu voluntad en la tierra como en el cielo", nos enseñó a rezar Jesús.

Una parte importante de tu función como líder catequético es, por lo tanto, conseguir y mantener el equilibrio personal y profesional. Del mismo modo en que los fisioterapeutas ayudan a las personas a fortalecer músculos específicos para que puedan mantener el equilibrio, conservar la estabilidad y evitar caídas, los líderes catequéticos deben fortalecer músculos espirituales específicos para mantener el equilibrio en su vocación y evitar las dificultades comunes del ministerio. Con este fin, consideraremos en primer lugar algunos aspectos del ministerio pastoral que pueden debilitar tu energía y llevarte al agotamiento. Luego identificaremos algunas estrategias para minimizar la posibilidad de agotamiento y, en caso de que ocurra, recuperarte de sus efectos nocivos.

¡No hay un final a la vista!

En el ministerio catequético es común sentir que no hay un final a la vista, ¡sencillamente porque no lo hay! Nuestro ministerio no tiene fin, y hay una buena probabilidad de que te veas trabajando en el *sabbat*, es decir el "día de descanso". La naturaleza sin fin de la labor puede generar un drenaje constante de energía a menos que dediques un tiempo para recuperarla. Para contrarrestar este peligro, asegúrate de fijar pausas y recreos en tu ministerio con el fin de recargar energías para la jornada que sigue, así como lo hizo Elías.

¿Estoy ayudando?

Los resultados del ministerio rara vez son inmediatos y a menudo son intangibles. En otras profesiones se suele saber cuándo un proyecto ha comenzado y cuándo termina: una vez que el producto o servicio ha sido entregado. En la tarea de líder catequético, no obstante, hay un montón de cabos sueltos que se quedan sin atar. Te verás haciendo todo tipo de cosas por la gente, tanto oficial como extraoficialmente, y después preguntándote si algo de eso realmente ayudó. A menudo no lo sabrás, y esta ambigüedad con el tiempo puede empañar tu entusiasmo. Por lo tanto, es conveniente que participes en proyectos o pasatiempos que demanden tareas claramente definidas y que produzcan resultados concretos. Por ejemplo, cuando yo comencé en el ministerio, trabajé de tiempo parcial en la farmacia de mi tío como un medio de complementar mis ingresos. Me agradaba armar muestrarios, apilar en las estanterías, atender a los clientes y trabajar en otros proyectos que generaban gratificación inmediata y una sensación de logro. Hoy, por esa misma razón, sigo participando en pasatiempos y proyectos de mejoras de la casa. ¿Quién diría que limpiar y ordenar el garaje sería tan valioso para mi bienestar espiritual?

Siento que doy vueltas en un carrusel

Apenas concluya el año catequético, ¡te estarás preparando para lanzar el próximo! El ministerio —sobre todo el ministerio catequético— es cíclico y repetitivo. Haces lo mismo una y otra vez, año tras año. Esto tiene sus puntos a favor y sus puntos en contra. Por un lado, la repetición ofrece la posibilidad de mejorar año tras año. Por el otro, la rutina puede tornarse tediosa. Procura hallar modos de cambiar las cosas todos los años sin necesidad de "alborotar el avispero". Mantén la novedad dándole algunos giros a tu programa, como por ejemplo, agregando un nuevo recurso o componente en cada lección. En tu vida personal, haz cosas para romper la rutina, sobre todo cosas que no tengan nada que ver con tu ministerio, como ir a sitios no habituales o buscar distintas formas de esparcimiento o de ejercicio físico.

¡Cúrense a ustedes mismos!

En el musical *Jesucristo Super Estrella* hay una escena muy impactante en la que el personaje de Jesús, abrumado por la multitud que le pedía sanación, grita: "¡Cúrense a ustedes mismos!". Obviamente Jesús jamás dijo esto, pero es una respuesta típicamente humana para aquellos cuya profesión consiste en prestar servicios. Habrá personas que recurrirán a ti constantemente con expectativas y necesidades. Y la realidad es que, como ministro, probablemente te ves a ti mismo como una persona de servicio a otros. Sin embargo, tienes tus propios límites. Por eso es importante que busques momentos para estar a solas y evitar estar constantemente rodeado (¡o agobiado!) por personas con expectativas.

En tus ratos a solas puedes pasar tiempo contigo mismo y con el Señor, permitiéndole a él que renueve tu espíritu.

Cansado de los mismos rostros

En el ministerio, como en otras profesiones, es posible que sientas que ves los mismos rostros día tras día. Aun si esos rostros te resultan agradables, no podrás eludirlos. Y por supuesto, si *no* te llevas bien con esas personas que ves a diario, las cosas pueden tornarse difíciles. Como líder catequético, es fundamental que cultives relaciones sanas fuera del ministerio. Adopta el hábito de pasar tiempo con personas que no sepan ni les importe saber lo que significan las palabras *catequético, pedagógico* o *eclesiástico.*

¿Quién cuidará de mí?

Las personas que prestan servicios invierten mucho tiempo y energía atendiendo las necesidades de los demás. En realidad, el cuidar de otros define quiénes somos. Por lo tanto puede ser difícil reconocer en qué momento nosotros mismos necesitamos cuidado y atención, como a todos nos pasa de vez en cuando. Una tentación muy grande en la que los ministros pastorales pueden caer es procurar la atención de aquellos a quienes ministran. Esto no solamente es poco saludable, sino peligroso. Por ejemplo, puede llevar a buscar intimidad con alguien menor de edad. Para evitar estos riesgos, asegúrate de entablar relaciones fuera del mundo ministerial que te brinden consuelo y apoyo. Piensa en un director espiritual, alguien que pueda brindarte total atención y que te ayude a enfocarte en tu propio viaje mientras dedicas atención a aquellos a quienes sirves.

¿Puedo decir lo que realmente siento?

Anteriormente mencioné que por un tiempo trabajé en la farmacia de mi tío. Allí aprendí a ser amable, cortés y atento con los clientes, pues estos eran quienes en definitiva pagaban mi sueldo. Por supuesto no siempre fue fácil, sobre todo cuando debía atender a clientes difíciles o si había tenido un turno largo y ajetreado. Solía decirle a mi tío en tono de broma: "¿No sería genial si al menos una vez al año pudiéramos decirles a los clientes lo que realmente sentimos?". Lo mismo puede pasar con el ministerio. De muchas maneras, el ministerio pastoral exige representar un personaje. Si bien esto puede sonar a falsedad, no lo es. Por ejemplo, si eres una persona introvertida y debes pasar toda una tarde interactuando en una reunión con padres de familia, puede ser todo un desafío. Quizás una voz interior te grite: "*¡¿Podemos irnos ya a casa?!*", en tanto que tu posición de liderazgo te exige ser amable, agradable y extrovertido. Es importante que conozcas tus propios límites y que sepas cuál es tu tipo de personalidad. Durante años no me percaté de que técnicamente soy introvertido. Esto no significa que sea tímido, sino que simplemente mi energía se agota con la interacción social y se restaura en soledad. Una vez que percibas la verdad básica de tu personalidad, podrás procurar un equilibrio que sea adecuado para ti.

Soy un perdedor

Los Beatles cantaban una canción que fue un éxito en los años sesenta: "Soy un perdedor". Sin duda eso es lo que Elías pensaba cuando se desplomó debajo de esa retama y le pidió al Señor que le quitara la vida. De vez en cuando en el ministerio pastoral nos sentimos como totales fracasos. Recuerdo una ocasión en la que estuve planificando una reunión de Adviento para los jóvenes adultos que jugaban vóleibol en el gimnasio de la parroquia todas las semanas. Anuncié esa reunión durante semanas. Los jóvenes asentían sonriendo y decían que asistirían. La noche del evento me encontré sentado solo en la capilla mientras decenas de jóvenes adultos jugaban vóleibol en el gimnasio de al lado, sin el menor interés en lo que yo les ofrecía. Por supuesto, me sentí un total fracaso. Es importante separarnos tanto de nuestros logros como de nuestros fracasos y aprender de estos. Del mismo modo, es importante festejar nuestros éxitos, sean grandes o pequeños, para que podamos neutralizar los inevitables sentimientos de fracaso.

Mantener el equilibrio espiritual en el ministerio catequético

Lo cierto es que los líderes catequéticos deben esforzarse mucho para mantener el equilibrio y el bienestar espiritual. En mi libro *7 Keys to Spiritual Wellness* [Las siete claves para el bienestar espiritual] identifico siete maneras en las que cualquier cristiano puede lograrlo. Cada manera brinda inmunidad contra cualquiera de los "siete pecados capitales". Es importante saber que en el ministerio público, se acrecienta la tentación de caer en los siete pecados capitales; esto significa que nuestra responsabilidad de mantenernos alertas también se acrecienta. Consideremos estas siete claves para el bienestar espiritual que he adaptado aquí para tu ministerio como líder catequético.

1. **Mírate como realmente eres.** Como ministro eclesial laico, eres llamado a hacer la obra de Dios, y fuiste hecho a la imagen de Dios. Sin embargo, ¡no eres Dios! El pensar distinto fue lo que ocasionó la caída de Adán y Eva. Una tentación muy habitual para los ministros eclesiales laicos es la de adquirir un complejo "mesiánico": imaginar que todo depende de nosotros en vez de reconocer que todo depende de Dios. Cuando nos tomamos demasiado en serio y adoptamos una arrogancia desmedida, nuestras relaciones con los demás se ven afectadas. Nos volvemos incapaces de escuchar a la autoridad, de aceptar las críticas, de aceptar que nos equivocamos o de pedir ayuda. Experimentamos un aumento de ansiedad, autocompasión, enojo, celos e inseguridad. Comenzamos a ser demasiado legalistas, a criticar a los

demás, a estar a la defensiva, a adoptar una postura negativa y a carecer de compasión.

Por lo tanto, como líder catequético, es fundamental que cultives un sentido de humildad siguiendo el ejemplo de Jesús, que lavó los pies de sus discípulos, y de María, su madre, que respondió al llamado de Dios diciendo: "Mi alma canta la grandeza del Señor". Como escribe el teólogo y obispo Robert Barron: "Su vida se trata de Jesús y su misión, o se trata de usted. No hay una tercera opción" [v.d.t.] (The Strangest Way, Orbis, 125) [El modo más extraño]. Es esta primera opción —una vida que se trata de Jesús y su misión— la única manera segura de servir eficazmente como líder catequético.

2. **Procura activamente el bien de los demás.** Nuestra naturaleza humana nos lleva a compararnos con los demás. Todo comienza cuando, de niños, nos preguntamos por qué alguien tiene un juguete más grande y mejor que el nuestro. Lo seguimos haciendo cuando al ser mayores nos preguntamos por qué alguien tiene ropa más bonita, una casa más grande, un auto más costoso, menos arrugas o una cintura más esbelta. Supongo, entonces, que, en mi función como líder catequético no debí haberme sorprendido al advertir que muchos ministros pastorales tenían el mal hábito de compararse entre sí. Cuando una colega, también líder catequética, me preguntó sobre mi horario y le mencioné que me tomaba los martes como día libre, respondió con sarcasmo: "¡Pero qué bien!", como si ella jamás pudiera darse ese lujo debido a sus múltiples responsabilidades.

Una manera segura de perder el equilibrio como líder catequético es compararnos con nuestros compañeros de trabajo y verlos como rivales y competidores, lo que provoca una actitud de amargura ante su buena suerte (recordemos a Caín y Abel) y de satisfacción ante sus fracasos. También nos hace ver motivos falsos en las palabras y acciones de los demás y nos vuelve propensos al chisme, que en círculos ministeriales suele ser descontrolado. En vez de rodar por esta pendiente resbalosa, somos llamados a ver a nuestros colegas ministros como socios. La clave para desarrollar esta capacidad es reconocer, como lo hizo san Pablo, que la gracia de Dios nos basta (2 Corintios 12:9). Del mismo modo, san Ignacio de Loyola pudo rezar: "Dame tu amor y gracia, que esto me basta". Cuando logres hacerlo serás capaz de procurar activamente el bien de los demás y de evitar que ellos se conviertan en una amenaza.

3. **Piensa antes de actuar.** En tu función como líder catequético, te enfrentarás a conflictos de varios tipos: con los colegas, con el párroco, con un catequista o con un padre o madre de familia, entre otros. Algunas de estas situaciones te llevarán al límite. Quizás lo más importante que puedes hacer como líder catequético sea ¡aprender a respirar! Cuando nos dejamos llevar por el fragor de un conflicto y reaccionamos sin siquiera respirar y ordenar los pensamientos, tres cosas adversas suelen ocurrir: la reacción es muy precipitada, es demasiado intensa y sus efectos son duraderos. Las emociones violentas como el enojo no demuestran buen juicio. Cuando no se le pone freno alguno, el enojo nos hace reaccionar mal y actuar sin reflexionar, y su fin supremo es la destrucción del objeto o de la persona que lo ocasionó.

   Por eso las estrategias para manejar el enojo suelen incluir respirar profundamente varias veces y contar hasta diez antes de reaccionar. Un tiempo de espera de diez segundos le puede brindar al cerebro el tiempo justo y necesario para intervenir y salvarnos de nosotros mismos.

4. **No te aferres.** El estrés y la ansiedad son parte de la vida, y el ministerio catequético no es inmune a esta realidad. Puesto que el ministerio pastoral no siempre produce resultados tangibles, podemos sentir ansiedad ante la duda de si las semillas que

sembramos hoy echarán raíces y florecerán en el futuro. Una de las tentaciones que tenemos cuando experimentamos este tipo de ansiedad es llenar el vacío de la incertidumbre adquiriendo cosas. Acumular posesiones nos da un falso sentido de control sobre el mundo tangible, y, al hacerlo, el hambre por las cosas tangibles se satisface por un tiempo. Pero la satisfacción no es duradera, y luego necesitamos más.

Por eso, cuando una sensación de vacío empieza a corroernos por dentro, solemos volcarnos una y otra vez en actividades como ir de compras, comer, beber, jugar videojuegos o juegos de azar, navegar por Internet, o mirar programas de telerrealidad. En sí mismas, la mayoría de estas actividades no son malas. No obstante, cuando se llega al extremo, estas actividades se pueden convertir en adicciones menores, en soluciones fáciles cuando anhelamos una satisfacción tangible. Por otra parte, el desapego consiste en reconocer que nada, aparte de la gracia de Dios, puede verdaderamente llenar el vacío que llevamos dentro. Una manera de fomentar un espíritu de desapego en nuestra vida es practicar la "indiferencia ignaciana". San Ignacio enseñó que cuando reconocemos que la razón de nuestra vida es estar en íntima comunión con Dios, nos volvemos "indiferentes" a todo lo demás. Esto no significa que nos volvamos apáticos o insensibles. Más bien, significa evitar volverse demasiado interesado en las cosas tangibles. Dice san Ignacio que esta actitud de indiferencia, de desapego, nos permite aceptar cualquier cosa que sobrevenga.

Jesús sabía que adquirimos posesiones —esa "frazada" que nos da seguridad— para compensar las inseguridades y los temores que vienen con nuestra imaginaria independencia. Para ayudarnos a confiar en Dios, Jesús nos dio una oración que podemos considerar nuestra "Declaración de Dependencia": el Padrenuestro. En esta oración reconocemos total dependencia de Dios para que guíe nuestra vida, para nuestro pan diario, para el perdón, para evitar caer en la tentación y para librarnos del mal. Rezamos para soltar nuestra propia voluntad y aceptar la del Señor.

En última instancia, la vida espiritual requiere soltar en vez de aferrarse. Por eso Jesús dijo que el amor más grande, el acto más generoso, es el de dar la vida por otro. Dar la vida por otro significa sencillamente soltar el yo y el ego para confiar en la sabiduría de Dios y anteponer el bien de los demás. Esto se logra solo cuando no nos aferramos a las cosas de este mundo. Como líder catequético, tus manos deben estar siempre vacías para que puedas extenderlas y aferrarte a Dios, e invitar a otros a que hagan lo mismo.

5. **Reconoce y fija tus límites.** Acepta, por favor, esta verdad: si bien tu amor por Jesús no tiene límites, ¡tu ser físico y emocional *sí* los tiene! Una de las tentaciones más grandes para los ministros pastorales es la de no reconocer ni fijar límites. Nos vemos tentados a decir que sí a cada pedido que se nos cruza en el camino porque, por naturaleza, deseamos servir. La realidad es que una de las cosas más saludables que puedes hacer por ti mismo, y por los demás, como ministro eclesial laico es aprender que no tienes que decir que sí a cada pedido que se te cruza en el camino. A veces hay que decir no.

   - En primer lugar, debes fijar límites en tu tiempo para evitar el agotamiento. Asegúrate de programar pausas en el trabajo, días libres y vacaciones regulares para que tu tiempo de descanso sea predecible y no desordenado. Practica decir "no" a solicitudes menores que puedan ser atendidas por otra persona, y no sientas que debes dar explicaciones largas a tu negativa.
   - Es también fundamental que fijes límites en la manera en que te "desahogas" o "relajas" ante el estrés de tu ministerio.

Es una triste realidad que algunos ministros pastorales hallan alivio comiendo y bebiendo excesivamente para adormecer los sentidos cuando las cosas se ponen difíciles. Existen dos maneras de evaluar si alguna conducta ha sobrepasado los límites del exceso:

- ◦ *La conducta se ha tornado contraproducente para la persona que la practica.* Por ejemplo, quizás te reanime ir de compras y adquirir algo que te guste. De hecho, esto puede ser reconfortante. Pero si exageras y compras demasiado, las facturas que van con las compras te pueden generar sentimientos de culpa y depresión. ¡Y todo eso solo por reanimarte!
- ◦ *La conducta es repetitiva.* Pese a la decepción final, la conducta te es gratificante y sigues practicándola. Quizás cada vez necesites más de esta conducta o sustancia para lograr resultados similares.

Si esto se parece a una estrategia que has asumido para sobrellevar la ansiedad, es hora de que busques una nueva estrategia.

- Por último, es absolutamente indispensable que reconozcas y respetes los límites en las relaciones. Es demasiado habitual entre los ministros eclesiásticos buscar intimidad, comprensión y atención entre aquellos a quienes ministran. Cuando esto sucede entre adultos se torna en algo poco saludable, y, si involucra a personas casadas, puede ser inmoral. Cuando esto involucra a menores de edad, puede llevar a un hecho delictivo. Fijar y respetar los límites es parte integral de ser un ministro pastoral sano y eficaz. Asegúrate de pedirle a tu diócesis pautas relacionadas con los límites y garantías establecidos para un entorno saludable.

6. **Busca la belleza.** Me imagino que estás pensando en tomar unas vacaciones (¡y te aliento a que lo hagas!) en algún momento, quizás durante un receso o al final del año catequético. Sin duda soñarás con ir de vacaciones a un bello lugar, como el Gran Cañón, las Great Smoky Mountains, las Bahamas, Puerto Rico o Marco Island. De hecho, nuestra alma anhela la belleza. El problema es que tenemos la tendencia a limitar nuestra experiencia de belleza a un par de semanas al año, o a imaginar que está lejos de nuestro alcance. Pero la belleza está a nuestro alrededor con tan solo abrir los ojos.

   Una vez Gandhi dijo: "Cuando admiro las maravillas de un crepúsculo o la belleza de la luna, mi alma se expande en adoración al creador". En otros términos, la belleza no solo puede expandir el alma sino también transportarnos más allá de nosotros mismos. A diferencia de otros animales de la creación de Dios, los seres humanos deseamos ir más allá de nosotros mismos: ser transportados más allá de lo puramente físico y material hacia el plano de lo espiritual. Procuramos hallar el misterio, tocar el misterio y que este nos toque. Y aquello que es bello, en cierto modo, posee misterio. Por eso nos atrae la belleza en la esperanza de que podremos tocar el misterio y, al hacerlo, ser amados y aceptados por este.

   Como líder catequético, debes asegurarte de que tu alma viva momentos de expansión, trascendencia y misterio, pues muchos aspectos de nuestra labor pueden tener el efecto contrario. Aprovecha las muchas maneras en que la belleza de Dios está disponible para ti: en la naturaleza (jardinería, pesca, excursiones, campamentos), en la música (todas las variedades), en las artes visuales, en el deporte (tanto practicando el tuyo como admirando el de los demás) y en la literatura, entre otros. Para mantener tu equilibrio como líder catequético, te animo a reflexionar sobre todas las maneras en que conscientemente buscas y encuentras la belleza en tu vida, y a comprometerte a reconocer esta belleza como un reflejo de la belleza de Dios, que es el objeto de nuestro deseo más profundo y apasionado.

7. **Da rienda suelta a tu imaginación.** Esto es lo más importante que puedes hacer para mantener tu equilibrio como líder catequético eficaz. Se necesita mucha imaginación para proclamar la Buena Nueva del Reino de Dios a un mundo que en el mejor de los casos no puede reconocerlo y en el peor de los casos no cree en él. Tu labor como líder catequético es encender el corazón de las personas. En el Capítulo 2 hablamos del "buen tipo de ardor", aquel que los dos discípulos en el camino a Emaús sintieron mientras Jesús caminaba con ellos (Lucas 24:32). La pregunta es: ¿qué es lo que te produce ese ardor? ¿Cuál es la chispa que enciende tu corazón? ¿Qué ramas estás frotando con la esperanza de encender tal fuego? Si respondes a estas preguntas y haces más de lo mismo, estarás en el camino correcto para mantener tu equilibrio.

Como líder catequético, eres llamado a participar en la visión que Cristo tuvo de una realidad esperada, una realidad alternativa, a la que Jesús denominó el Reino de Dios. Es la visión de un mundo que existe en algún lugar más allá de lo que pueden llegar a ver nuestros ojos. Es el anhelo por el *magis*, por ese "algo más". Para visualizar esta realidad alternativa, este "algo más", es necesario tener una imaginación activa: no se trata de construir castillos en el aire, sino de la capacidad de ver la realidad tal como es al tiempo que vemos otra realidad que está más allá de la indiferencia, del cinismo y del relativismo que nubla nuestra visión colectiva del siglo XXI. Una buena manera de activar la imaginación es ejercitar esa parte del cerebro donde se halla la imaginación —el hemisferio derecho— participando regularmente en actividades como leer, dibujar o pintar, contemplar y reaccionar al arte, hacer manualidades, escuchar música o tocar un instrumento, disfrutar de una obra de teatro, cocinar, meditar e interactuar con niños, ¡que son los maestros de la imaginación!

Resumen: Estoy agotado

Y me dije: "No me acordaré de él, no hablaré más en su Nombre.
Pero la sentía dentro como fuego ardiente encerrado en los huesos:
hacía esfuerzos por contenerla y no podía". (Jeremías 20:9)

El profeta Jeremías sufrió de agotamiento. Si consideramos todas las dificultades que soportó —entre ellas el ser arrojado a un pozo (Jeremías 38)— no era para menos. Y no obstante, su ardor por Dios no se había extinguido del todo. En realidad, reconoce que el fuego arde de tal manera que no puede resistirlo: debe dárselo a otros. En tu ministerio como líder catequético, confío en que no te arrojen a un pozo. Pero muchos aspectos del ministerio te consumirán las energías. Te cansarás, y quizás hasta sufras de agotamiento. Por estas razones es de suma importancia que mantengas tu propio equilibrio personal y profesional. Asegúrate de evitar dificultades y tentaciones y toma medidas para recuperarte de momentos de debilidad y agotamiento cuando estos sucedan.

Para reflexionar y conversar

- ¿Qué aspectos del ministerio descritos en la primera mitad del capítulo pueden hacer que des lo mejor de ti? ¿Cómo respondes?
- ¿Qué puedes hacer para evitar que estos aspectos del ministerio impidan que des lo mejor de ti? ¿Qué puedes hacer para recuperarte si esto ocurre?

Madurar como líder catequético

¿En cuál de las siete claves para el bienestar espiritual eres competente?

¿En cuáles debes esforzarte más?

Visita www.loyolapress.com/lce para acceder a la hoja de ejercicios.

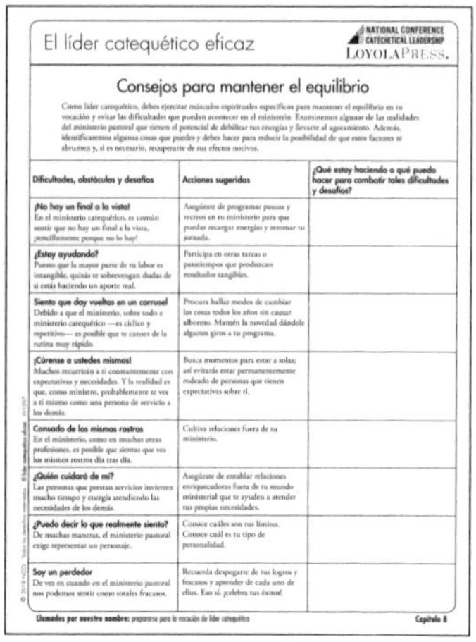

El líder catequético eficaz

NATIONAL CONFERENCE CATECHETICAL LEADERSHIP LOYOLAPRESS.

Consejos para mantener el equilibrio

Como líder catequético, debes ejercitar músculos espirituales específicos para mantener el equilibrio en tu vocación y evitar las dificultades que puedan acontecer en el ministerio. Examinemos algunas de las realidades del ministerio pastoral que tienen el potencial de debilitar tus energías y llevarte al agotamiento. Además, identificaremos algunas cosas que puedes y debes hacer para reducir la posibilidad de que estos factores te abrumen y, si es necesario, recuperarte de sus efectos nocivos.

Dificultades, obstáculos y desafíos	Acciones sugeridas	¿Qué estoy haciendo o qué puedo hacer para combatir tales dificultades y desafíos?
¡No hay un final a la vista! En el ministerio catequético, es común sentir que no hay un final a la vista, ¡sencillamente porque no lo hay!	Asegúrate de programar pausas y recreos en tu ministerio para que puedas recargar energías y retomar tu jornada.	
¿Estoy ayudando? Puesto que la mayor parte de tu labor es intangible, quizás te sobrevengan dudas de si estás haciendo un aporte real.	Participa en otras tareas o pasatiempos que produzcan resultados tangibles.	
Siento que doy vueltas en un carrusel Debido a que el ministerio, sobre todo e ministerio catequético —es cíclico y repetitivo— es posible que te canses de la rutina muy rápido.	Procura hallar modos de cambiar las cosas todos los años sin causar alboroto. Mantén la novedad dándole algunos giros a tu programa.	
¡Cúrense a ustedes mismos! Muchos recurrirán a ti constantemente con expectativas y necesidades. Y la realidad es que, como ministro, probablemente te ves a ti mismo como una persona de servicio a los demás.	Busca momentos para estar a solas; así evitarás estar permanentemente rodeado de personas que tienen expectativas sobre ti.	
Cansado de los mismos rostros En el ministerio, como en muchas otras profesiones, es posible que sientas que ves los mismos rostros día tras día.	Cultiva relaciones fuera de tu ministerio.	
¿Quién cuidará de mí? Las personas que prestan servicios invierten mucho tiempo y energía atendiendo las necesidades de los demás.	Asegúrate de entablar relaciones enriquecedoras fuera de tu mundo ministerial que te ayuden a atender tus propias necesidades.	
¿Puedo decir lo que realmente siento? De muchas maneras, el ministerio pastoral exige representar un personaje.	Conoce cuáles son tus límites. Conoce cuál es tu tipo de personalidad.	
Soy un perdedor De vez en cuando en el ministerio pastoral nos podemos sentir como totales fracasos.	Recuerda despegarte de tus logros y fracasos y aprender de cada uno de ellos. Eso sí: ¡celebra tus éxitos!	

Llamados por nuestro nombre: prepararse para la vocación de líder catequético — Capítulo 8

Acción sugerida

Durante las próximas siete semanas comprométete a enfocarte cada semana en una de las siete claves para el bienestar espiritual. En oración, pide a Dios por esta clave en particular y por la gracia necesaria para mantener tu equilibrio emocional.

Recursos adicionales

En español

Evangelii Gaudium. Papa Francisco (2013).

El equilibrio emocional. Isabel Menéndez (Barcelona: Booket, Grupo Planeta, 2011).

Claves para el equilibrio interior. Calixto e Ignacio (Lumen, Argentina, 2009).

Oración y equilibrio psíquico. Julio Miguel García Llovera (Pamplona: Verbo Divino, 2008).

El reto del equilibrio-Vida personal y profesional, una guía práctica. José Antonio Ariza Montes (Desclee de Brouwer, 2002).

La psicología que nos ayuda a vivir la vida. María Jesús Álava Reyes (Editorial La esfera de los libros, 2011).

Psicología práctica de la vida cotidiana. Bernabé Tierno Jiménez (Booket, Grupo Planeta, 2002).

Psicología y vida espiritual. Juan Bautista Torrello (Rialp, 2016).

Guía práctica de la psicología cotidiana. André Christophe (Ediciones Paidós, 2010).

Integrando la Espiritualidad en la psicología. María Isabel Rodríguez (Salamanca: Monte Carmelo, 2011).

En inglés

Ministry Burnout [Agotamiento en el ministerio] John A. Sanford (Mahwash, NJ: Paulist Press, 1992).

Zeal without Burnout [Celo sin agotamiento]. Christopher Ash (Surrey, UK: The Good Book Company, 2016).

Resilient Ministry: What Pastors Told Us About Surviving and Thriving. [Ministerio resiliente: Lo que los párrocos nos cuentan sobre cómo sobrevivir y prosperar]. Bob Burns, Tasha D. Chapman y Donald Guthrie (Downers Grove, IL: InterVarsity Press, 2013).

Boundary Setting for Clergy and Ministry Workers [Fijando límites para trabajadores del clero y del ministerio]. Jim Stout (San Antonio, TX: Shepherd Publishing, 2016).

9

No se trata de "Dios y yo", sino de "Dios y nosotros": buscar apoyo

He dicho durante años que para los católicos, la fe "no es una experiencia entre 'Dios y yo': es una experiencia entre 'Dios y nosotros'". Como anécdota interesante, hace varios años me encontraba en una conferencia de un ministro protestante a una audiencia fundamentalmente protestante. En un momento, el ministro hizo la siguiente observación: "Como saben, nosotros los protestantes propendemos a tener un acercamiento a nuestra fe al estilo 'Dios y yo', mientras que para nuestros hermanos y hermanas católicos es más un 'Dios y nosotros'". Me resultó tan emocionante escucharlo afirmar lo que yo había sospechado por tanto tiempo que casi me pongo a aplaudir, ¡pero después decidí que esto desenmascararía al único católico en la multitud!

Un profundo sentido de comunidad

Lo cierto, pues, es que nuestra comprensión católica del concepto de comunidad es profunda, tan profunda que creemos que ni siquiera la muerte nos podrá separar (por ejemplo, creemos en la Comunión de los Santos). Durante la misa nos ponemos de pie juntos, nos arrodillamos juntos, nos sentamos juntos, nos inclinamos juntos, nos bendecimos mutuamente y respondemos juntos. Bebemos de la misma copa durante la Comunión. Incluso en privado, cuando rezamos la

Liturgia de las Horas, no rezamos solos pues nos unimos a muchos que rezan las mismas palabras en el mismo momento en la privacidad de su hogar. Dondequiera que vamos "tenemos la red" con nosotros (como alguna vez promocionó un servicio de telefonía móvil).

Todo esto sirva para mencionar que existe una variedad de redes (además de la Comunión de los Santos) de las que puedes obtener ayuda y apoyo como líder catequético católico. En este capítulo exploraremos algunos de los muchos grupos a los que podemos beneficiar y de los que podemos sacar provecho en el ministerio catequético.

Relaciones genuinas

Cuando era maestro de religión en una escuela secundaria, solíamos bromear sobre cuánto nos agradaba ser maestros en aquellos días en que los estudiantes no estaban presentes, como por ejemplo los días de entrenamiento docente. Por supuesto, si bien es agradable tener un descanso, la realidad es que a los maestros nos encanta enseñar justamente por los estudiantes y el tiempo que pasamos con ellos, por más exigente y extenuante que ese tiempo pueda ser. En su libro *The Holy Longing* [El anhelo santo], Ronald Rolheiser, OMI, dice que la espiritualidad es en última instancia comunitaria y que es solo por medio de "la consolidación, la terrenalidad y el dolor necesario" [v.d.t.] de las relaciones que podemos lograr el verdadero equilibrio. Si bien tú perteneces a una familia parroquial como líder catequético, es importante que establezcas relaciones más allá de esa comunidad: relaciones que te ayuden a "ser genuino".

Las relaciones que brindan apoyo son saludables no solo en lo emocional y en lo espiritual sino también en lo físico. Varios estudios —en particular el *Grant Study* [Estudio Grant] de la Escuela de Medicina de Harvard y el *Terman Study of the Gifted* [Estudio de los talentosos de Terman] de la Universidad de Stanford— indican que la presencia de relaciones que brindan apoyo es un factor clave para una vida larga y feliz. De hecho, Howard Friedman, científico especializado en salud y autor de *The Longevity Project* [El proyecto de la longevidad], afirma que la recomendación singular más importante que puede hacer a quienes deseen tener una vida más larga, más saludable y más feliz no es iniciar un programa riguroso de ejercicios sino conectarse con otros y ayudarlos. Desde mi experiencia personal puedo asegurar que formar y mantener relaciones que brindan apoyo fue una de las muchas claves de mi éxito como líder catequético parroquial, y lo sigue siendo en la actualidad. Consideremos algunas de estas relaciones.

El grupo local, el decanato o vicariato de líderes catequéticos

Si no hubiera sido por el Grupo de Directores de Educación Religiosa de River Oaks, no sé dónde estaría yo hoy. Cuando me vi forzado a dejar la enseñanza porque la arquidiócesis cerraría mi escuela, fui a parar en el ministerio parroquial como asociado pastoral y director de educación religiosa en la zona periférica sudeste de Chicago, intentando abrirme camino como líder catequético. En poco tiempo me invitaron a unirme a un grupo de directores de educación religiosa que desayunaban juntos en Denny's una vez al mes. Allí conocí a Pat, Sharon, Betty y otros líderes catequéticos experimentados que me tomaron bajo sus alas y me enseñaron algunos trucos mientras tropezaba y trastabillaba en los primeros años en el ministerio parroquial. Unas décadas después sigo siendo amigo de muchas de estas fantásticas personas. Fue muy grato pasar tiempo con ellos compartiendo experiencias, dando rienda suelta a nuestras frustraciones, manifestando nuestras alegrías y preguntándonos cómo rayos podríamos hacer aquello a lo que Dios nos llamó.

Pero no se trataba solamente de socializar. Entre todos también buscábamos la manera de "hacer las cosas". Colaboramos en la formación regional de catequistas, reclutando catequistas de nuestras aproximadamente ocho parroquias y aportando recursos para traer oradores talentosos para animar y equipar a la tropa. Y más tarde, cuando muchos ya estábamos trabajando en los procesos del RICA en nuestras parroquias, colaboramos para planificar y organizar los Ritos de Bienvenida regionales que cada año se llevaban a cabo en diferentes parroquias.

A menudo las reuniones locales de catequistas son informales y surgen por pura necesidad, a medida que los ministros pastorales se ponen en contacto con sus vecinos más cercanos en busca de ayuda. Dichos grupos no solo brindan a los miembros ayuda y amistad, sino que crean modelos de colaboración entre parroquias que pueden resultar útiles a otros ministerios con una situación similar de recursos limitados. Una vez que las relaciones se establecen y que surgen las misiones, los miembros de un grupo suelen programar retiros anuales juntos. Hacer una pausa en conjunto suele enriquecer la experiencia renovadora y brindar la inspiración necesaria para enfrentar los desafíos continuos del ministerio catequético.

Si eres nuevo en el ministerio catequético, ponte en contacto con tus líderes catequéticos cercanos y averigua dónde hay un grupo local. Participar en uno (¡o comenzar uno!) puede darte la clase de apoyo necesario no solo para sobrevivir sino también para prosperar en tu vocación.

La organización profesional local o regional de líderes catequéticos

- En Chicago se la conoce como CARE (*Chicago Association of Religious Educators* [Asociación de Educadores Religiosos de Chicago]).
- En Wisconsin, como WDREF (*Wisconsin Directors of Religious Education Federation* [Federación de Directores de Educación Religiosa de Wisconsin]).

- En Des Moines, Iowa, como CLADD (*Catechetical Leadership Association for the Diocese of Des Moines* [Asociación de Liderazgo Catequético de la Diócesis de Des Moines]).
- En el este de Pensilvania, como EPDRE (*Eastern Pennsylvania Directors of Religious Education* [Directores de Educación Religiosa de Pensilvania Este]).

Tanto a nivel local como regional, puedes hallar más organizaciones profesionales de líderes catequéticos. Estos grupos brindan a los miembros los recursos y las oportunidades para seguir desarrollándose profesionalmente. Dichas organizaciones, que suelen pedir una cuota de membresía, abogan por profesionalismo en el ministerio catequético, estudian cuestiones relacionadas con el ministerio catequético y recomiendan nuevos enfoques y estrategias, investigan y hacen sugerencias sobre políticas eclesiales y cuestiones catequéticas, facilitan la comunicación entre miembros, con otros ministerios y organizaciones, y ofrecen formación continua para sus miembros.

En lo personal, algunas de mis experiencias favoritas y más gratificantes como orador y presentador han ocurrido en conferencias profesionales donde los líderes catequéticos se reúnen para evaluar el estado actual de nuestro apreciado ministerio y compartir perspectivas para su futuro. Te recomiendo enfáticamente que dediques el tiempo para buscar una asociación en tu diócesis, región o estado, ya sea hablando con colegas o poniéndote en contacto con tu oficina catequética local, y que luego participes en la misma. ¡Te alegrará haberlo hecho!

National Conference for Catechetical Leadership (NCCL) [Conferencia Nacional para el Liderazgo Catequético]

Cada primavera, desde principios de los años noventa, he esperado con entusiasmo el encuentro anual de la NCCL, que se lleva a cabo en diversas ciudades de todo el país (visita www.nccl.org). Esta me brinda la posibilidad de pasar tiempo y ponerme en contacto con algunos de los ministros catequéticos más talentosos del país.

NCCL es la única organización nacional independiente en los Estados Unidos que se dedica exclusivamente a servir a la misión catequética de la Iglesia. Lo hace ayudando a los líderes catequéticos a "adquirir competencia como líderes en los ministerios de evangelización y catequesis dentro de la misión pedagógica de la Iglesia católica multicultural de los Estados Unidos" [v.d.t.]. La organización

- promueve los ministerios de la catequesis y la evangelización;
- colabora con los obispos y otras organizaciones ministeriales;
- apoya el desarrollo espiritual, profesional y personal de los líderes catequéticos; y
- reúne a los ministros catequéticos de varios niveles, desde diocesanos y provinciales, hasta regionales y nacionales.

En la actualidad, más del 90% de todas las diócesis y eparquías (el equivalente a diócesis en la Iglesia católica oriental) está representado en la membresía de la NCCL, junto con otras asociaciones diocesanas y provinciales de líderes catequéticos parroquiales y editoriales católicas. Entre los miembros se encuentran obispos, párrocos, directores diocesanos de catequesis (y su personal), directores parroquiales de educación religiosa y editores de materiales catequéticos. Miembros de distintos ámbitos de la sociedad participan, por diversas razones, pero todos reciben los mismos beneficios: tener contacto con pares profesionales en todo el país; tener acceso a ideas, recursos y enfoques catequéticos innovadores; y oportunidades para su propio desarrollo profesional.

Asimismo, quienes sirven en el ministerio de la catequesis con el pueblo hispano/latino en los Estados Unidos de América, son representados a nivel nacional por la Federación para la Catequesis con Hispanos (FCH). Esta federación, miembro de NCCL, ofrece apoyo, recursos, formación y un foro para compartir ideas e inquietudes a sus miembros.

Espero con entusiasmo asistir al encuentro de la NCCL cada primavera para reunirme con mis amigos y colegas a los que veré "el año que viene en el mismo lugar". Se parece mucho a una reunión anual de viejos compañeros de escuela. Cada año, un grupo de profesionales catequéticos de Chicago nos reunimos para disfrutar de una comida juntos y para ponernos al día. (¡Bromeamos sobre cuánto tenemos que viajar a una ciudad lejana cada año para poder vernos!). La oportunidad de ponernos en contacto con "colegas magos" en el ministerio catequético y a la vez de poder ver en persona a los oradores catequéticos más talentosos del mundo no tiene precio. Para mí, la experiencia de asistir al encuentro anual de la NCCL, así como el de mis colegas que participan en la conferencia de FCH que lo precede, se parece mucho a un peregrinaje sagrado, un viaje espiritual a un sitio sagrado (hecho sagrado por la noble misión del ministerio catequético) para afianzar mi fe y acercarme más a Dios. Te recomiendo encarecidamente que te hagas miembro de la NCCL y que asistas al encuentro anual ¡"el año que viene en el mismo lugar"!

Conferencias regionales

Además del encuentro de la NCCL, los líderes catequéticos pueden buscar apoyo en muchas conferencias catequéticas regionales. Estas conferencias también convocan a muy buenos oradores y ofrecen oportunidades valiosas de contacto. Incluso si tu diócesis o región suele organizar una conferencia de estas, deberás tener a algunas otras en tu radar:

- *Los Angeles Religious Education Congress* [Congreso de Educación Religiosa de Los Ángeles] (Anaheim, CA)
- *Mid-Atlantic Congress* [Congreso del Atlántico Medio] (Baltimore, MD)
- *Gulf Coast Faith Formation Conference* [Conferencia de Formación de la Fe de la Costa del Golfo] (Nueva Orleans, LA)
- *St. John Bosco Conference* [Conferencia San Juan Bosco] (Steubenville, OH)
- *University of Dallas Ministry Conference* [Conferencia de Ministerio de la Universidad de Dallas] (Dallas, TX)

Estas y otras importantes conferencias, al igual que las conferencias menores organizadas por diócesis de todo el país, brindan a los líderes catequéticos la oportunidad de ponerse en contacto con pares, crecer en la fe y explorar estrategias para un ministerio catequético más eficaz. Averigua qué conferencia se llevará a cabo el próximo año ¡y lleva a un amigo!

Dirección espiritual

En un capítulo anterior hablé sobre la dirección espiritual, y puesto que me parece algo muy valioso, me gustaría retomar el tema. Considero que la dirección espiritual es una de las maneras más valiosas de mantener mi espiritualidad como "prioridad número uno" en mi conciencia, y creo firmemente que cualquiera que participa en el ministerio eclesial laico debe cosechar los beneficios de una dirección espiritual regular. Créeme lo que te digo, ¡pues he visitado al mismo director espiritual una vez al mes desde 2003! También hice una certificación en dirección espiritual y hoy dirijo espiritualmente de manera regular a varias personas.

Quizás te preguntes: "¿Cómo es esto de la dirección espiritual?". Una sesión típica, por lo general una vez al mes, dura aproximadamente una hora. Durante ese tiempo, el director y el dirigido comparten un espacio en espíritu de oración en el que pueden prestar atención al Espíritu Santo, que es el verdadero "director". La mayor parte del tiempo, el director escucha y el dirigido comparte y repasa sucesos recientes para explorar cómo Dios ha estado presente o sondea asuntos que tiene en la mente y en el corazón. De tanto en tanto, animado por el Espíritu, el director interrogará, desafiará o apoyará al dirigido. El director espiritual podrá también recomendar materiales de lectura, preguntas para la reflexión o ejercicios espirituales como adelanto para futuras sesiones.

La dirección espiritual es una relación de confianza en la que un guía capacitado y competente "sirve de acompañante" a otra u otras personas. (La dirección espiritual suele ser individual, pero también existe la dirección espiritual grupal). El director espiritual escucha con atención y después hace comentarios sobre lo que ha estado escuchando y percibiendo acerca de las mociones del Espíritu Santo en la vida de la persona. Esos comentarios son solamente para la consideración de la persona: el director espiritual no es un gurú que dice lo que se debe o no se debe hacer. En cambio, un director espiritual es alguien que camina contigo a medida que descubres la presencia, el obrar y la dirección de Dios en tu vida.

La dirección espiritual puede cumplir una función vital en la vida de un líder catequético. Puede ayudarte a mantener tu propia salud espiritual poniéndote en contacto con tu alma y permitiendo que esta te alimente. Si te sientes "raro" al compartir experiencias privadas con un guía espiritual profesional, recuerda que la dirección espiritual ha sido parte de la tradición cristiana desde sus inicios. Aunque no esté dentro de tu zona de confort, puedes estar seguro de que muchos de los maestros católicos más sabios y más eficaces han buscado relaciones similares a lo largo de los siglos, no con la expectativa de encontrar un amigo "cálido y acogedor" sino de encontrar a Dios.

En resumen, la dirección espiritual puede brindarte lo siguiente:

- Un compañero que escuchará con atención y te dará su apoyo mientras hablas sobre tu relación con Dios.
- Un profesional capacitado que te ayudará a identificar resistencias y obstáculos, y al mismo tiempo deseos y atracciones, en tu vida espiritual.
- Una oportunidad para conocerte mejor, sintonizarte mejor con la presencia de Dios y responder más plenamente a esa presencia en tu vida.
- Una conciencia más profunda sobre la presencia y el obrar de Dios en tu vida cotidiana.
- Una oportunidad de evaluar tus prioridades y de discernir la manera en que Dios te invita, te exhorta y te confirma;
- Una oportunidad de explorar nuevas formas de orar o de redescubrir tu vida de oración;
- Una oportunidad de desarrollar un sentido de conexión y de honrar y disfrutar de tus experiencias de Dios.

De un modo muy similar en que Jesús les dio el "ardor" a los dos discípulos en el camino a Emaús (Lucas 24:32), un director espiritual puede ayudarte a avivar el fuego de tu pasión para vivir como un discípulo de Cristo y para llamar a otros a hacer lo mismo en tu función como líder catequético.

Relaciones clave

Si bien el establecer relaciones es parte crucial de tu ministerio como líder catequético, mantener relaciones que apoyen tu vida personal es fundamental para tu bienestar espiritual y emocional, así como para el bienestar de tu ministerio. Presta atención a las siguientes relaciones clave en tu vida y procura su ayuda, además de las que ya hemos explorado en este capítulo:

- tu relación con tu cónyuge o media naranja;
- tu relación con tus hijos;
- tu relación con tus hermanos, padres y abuelos;
- tu relación con buenos amigos;
- tu relación con alguien a quien consideras tu mentor;
- tu relación con tus compañeros; y
- tu relación con tu comunidad de fe.

En última instancia, el liderazgo tiene que ver con personas que se relacionan. Si deseas ser un líder catequético eficaz, debes prestar atención a tus propias relaciones. En el Credo Niceno, decimos que creemos que Jesús es "de la misma naturaleza del Padre" y que el Espíritu Santo "procede del Padre y del Hijo". Esto significa que comprendemos a Dios no como algo en el plano individual sino en una comunidad de amor. Dicho de otro modo, la esencia misma de Dios es una relación de amor. Cuando decimos que Dios es amor, algo que enseñamos a los niños más pequeños, recordamos el amor que existe entre el Padre, el Hijo y el Espíritu Santo. Esta es la razón por la cual el amor al prójimo es tan importante en el cristianismo: porque una relación de amor es la esencia misma de Dios, y reflejamos esa esencia cuando vivimos en una relación de amor con los demás. Reflexiona sobre esto. Dios no solo *entabla* relaciones de amor; Dios *es* una relación de amor. Y cuando participamos de tales relaciones, participamos de Dios.

Al prestar atención a tus relaciones, prestas atención a la presencia de Dios en tu vida y en la vida de aquellos a quienes guías y sirves.

Resumen: Le sostenían los brazos

Y como le pesaban las manos, ellos tomaron una piedra y se la pusieron debajo para que se sentase; mientras, Aarón y Jur le sostenían los brazos, uno a cada lado. Así sostuvo los brazos hasta la puesta del sol. (Éxodo 17:12)

En esta historia, mientras Moisés mantenía los brazos en alto, los israelitas eran los vencedores de la batalla. Cuando sus brazos se cansaban y él los bajaba, no obstante, los israelitas empezaban a perder. Por suerte, Aarón y Jur vinieron al rescate y sostuvieron los brazos de Moisés para que Israel venciera.

En tu función como líder catequético, necesitarás que otros sostengan tus brazos cansados para que puedas vencer. Los líderes catequéticos dependen de una red de relaciones que los sostienen durante su ministerio. Estas relaciones no solamente te sostienen a ti sino que también te ayudan a "ser genuino". Considera la idea de participar en reuniones de grupos locales de catequistas, organizaciones profesionales regionales de catequistas, y la *National Conference for Catechetical Leadership* (NCCL) [Conferencia Nacional para el Liderazgo Catequético], así como la de asistir a conferencias catequéticas y reunirte con un director espiritual.

Para reflexionar y conversar

- ¿Qué grupos o reuniones locales de líderes catequéticos hay en tu zona? Si ya participas en alguno, ¿cuáles son los beneficios?
- ¿Por qué puede ser bueno unirte a una organización profesional regional catequética o a una organización nacional como la Conferencia Nacional para el Liderazgo Catequético? En tu opinión, ¿cuál es el valor de relacionarte con otros líderes catequéticos?

Madurar como líder catequético

¿Cómo equilibras tus responsabilidades de líder catequético con la atención que le prestas a lo siguiente?: tu cónyuge o media naranja, tus hijos, tus hermanos y otros familiares cercanos, tus mejores amigos, tu mentor, tus compañeros y tu comunidad de fe.

Visita www.loyolapress.com/lce para acceder a la hoja de ejercicios.

El líder catequético eficaz

NATIONAL CONFERENCE CATECHETICAL LEADERSHIP
LOYOLAPRESS.

¿Dónde puedo buscar apoyo?

Los líderes catequéticos confían en una red de relaciones que los sostienen. Estas relaciones no solamente te sostienen, sino que también te ayudarán a mantenerte con los pies sobre la tierra y actuar con honestidad. Dedica tiempo a identificar a las personas a las que recurres, para "ser genuino". Anota algunos nombres y pensamientos en cada una de las siguientes categorías.

Familia	Amigos
Compañeros/colegas	Mentor(es)
Comunidad de fe	Organizaciones profesionales locales, regionales y nacionales

© 2018 NCCL. Todos los derechos reservados. El líder catequético eficaz

Llamados por nuestro nombre: prepararse para la vocación de líder catequético — **Capítulo 9**

Acción sugerida

Elabora una lista de asuntos con los que necesites ayuda en tu ministerio catequético. Comprométete a participar en una reunión local de líderes catequéticos para compartir tus necesidades y para buscar la ayuda de otros colegas mientras avanzas en tu ministerio.

Recursos adicionales

En español

En busca de espiritualidad: Lineamientos para una espiritualidad Cristiana del siglo XXI. Ronald Rolheiser (Lumen, 2003).

Los hombres no son islas. Thomas Merton (Editorial Sudamericana, 1998).

Alimento del deseo infinito. Francesc Grané (Desclee de Brouwer, 2013).

Espiritualidad para comunidades. José María Castillo (San Pablo, 2017).

Vivimos y transmitimos en comunidad el Evangelio de Jesús. José Luis Pérez Álvarez (San Pablo, 2017).

Vida en comunidad. Dietrich Bonhoeffer (Sígueme, 1995).

La Espiritualidad de la Liberación. Gustavo Gutiérrez (Santander: Sal Terrae, 2013).

En inglés

Sheltered in the Heart: Spirituality in Deep Friendship. [Refugio en el corazón: La espiritualidad en las amistades íntimas]. Gunilla Norris (Pawcatuck, CT: Homebound Publications, 2013).

Friendship at the Margins: Discovering Mutuality in Service and Mission [La amistad en la periferia: Descubriendo la mutualidad en el servicio y en la misión]. Christopher Heuertz y Christine Pohl (Downers Grove, IL: InterVarsity Press, 2010).

10

¿De qué manera Jesús abordaría mi función? Liderar con virtud y humildad

Al escuchar la palabra *liderazgo*, nos vienen muchos pensamientos a la mente, entre ellos un *collage* de personajes históricos que consideramos grandes líderes. Indistintamente de si nos agradaban en lo personal o si estamos de acuerdo con sus ideas políticas, las siguientes personas son ejemplos de individuos con grandes capacidades de liderazgo. ¿Qué tienen en común? ¿A quién agregarías a la siguiente lista?

- Abraham Lincoln
- Mahatma Gandhi
- Papa Francisco
- César Chávez
- San Juan Pablo II
- Dr. Martin Luther King Jr.
- Santa Teresa de Calcuta
- Monseñor Óscar Romero
- Princesa Diana de Gales
- Simón Bolívar
- Eva Perón
- Toro Sentado
- Rigoberta Menchú
- Alejandro Magno
- Margaret Thatcher
- Nelson Mandela

Llévame a tu líder

Los grandes líderes tienen y utilizan cualidades como la confianza, la pasión, la firmeza, la innovación, la persistencia, la visión, la integridad y la capacidad de organizar, inspirar y empoderar a otros. ¡Y ahora la palabra *líder* la vamos a relacionar con *tu* función como ministro catequético! ¿Qué clase de líder serás? ¿Qué cualidades de liderazgo ya tienes? ¿Qué cualidades de liderazgo debes adquirir o fortalecer?

El segundo libro de la serie *El líder catequético eficaz* se titula *Liderazgo catequético: cómo debe ser, cómo debe organizarse y a quién debe servir*. Escrito por Adrián Herrera, este libro está dedicado por completo al concepto del liderazgo. No obstante, vamos a adelantarnos un poco a este tema concentrándonos en la persona y el líder a quien más estamos llamados a imitar en el ministerio catequético: Jesús.

Liderazgo servicial

Si buscas en Google "grandes líderes", muchos de los millones de resultados mencionarán a personas del mundo de la política, del deporte y de los negocios. El estilo de liderazgo varía según el entorno cultural, así que no existe un patrón único de liderazgo. Si bien como líderes catequéticos podemos aprender mucho de diversos líderes del mundo, lo cierto es que somos llamados a un estilo de liderazgo directamente encaminado a liderar como Jesús lo hizo. Y si deseamos resumir el estilo de liderazgo de Jesús en pocas palabras, debemos ir al Capítulo 13 del Evangelio de Juan:

> [Jesús], sabiendo que todo lo había puesto el Padre en sus manos, que había salido de Dios y volvía a Dios, se levanta de la mesa, se quita el manto, y tomando una toalla, se la ató a la cintura. Después echa agua en un recipiente y se puso a lavarles los pies a los discípulos y a secárselos con la toalla que llevaba en la cintura. Llegó a Simón Pedro, el cual le dice: —Señor, ¿tú me vas a lavar los pies? Jesús respondió: "Lo que yo hago no lo entiendes ahora, más tarde lo entenderás". Replica Pedro: —No me lavarás los pies jamás. Le respondió Jesús: —Si no te lavo, no tienes nada que ver conmigo. Le dice Simón Pedro: —Señor, si es así, no sólo los pies, sino las manos y la cabeza. Le responde Jesús: —El que se ha bañado no necesita

lavarse más que los pies, porque está completamente limpio. Y ustedes están limpios, aunque no todos. Conocía al que lo iba a entregar y por eso dijo que no todos estaban limpios.

En el centro del estilo de liderazgo de Jesús está la idea del *servicio*. En su libro *Servant Leadership Models for Your Parish* [Modelos de liderazgo servicial para su parroquia], Dan Ebener habla del estilo de liderazgo de Jesús como un *liderazgo servicial* (opuesto a lo que él denomina "liderazgo de pedestal"). Según Ebener, el liderazgo servicial se centra fundamentalmente en atender las necesidades y los intereses de los demás y en promover una misión mucho más grande que el interés propio. En lo que resta de este capítulo consideraremos la manera en que el líder catequético puede responder al llamado a la excelencia en tres áreas de liderazgo servicial y, por lo tanto, en la labor de líder catequético.

Identificar los dones de los demás

¿Qué fue lo primero que hizo Jesús cuando volvió del desierto, luego de cuarenta días y cuarenta noches? Según los Evangelios, de inmediato conformó un equipo. Se rodeó de personas en las que vio potencial para el liderazgo y el servicio a los demás. Es como si dijera que el liderazgo eficaz comienza no concentrándose en uno mismo, sino rodeándose de otras personas talentosas.

Noticia de último momento: ¡El líder catequético eficaz *siempre* está a la caza de talentos! Cuando yo estaba en el ministerio parroquial, los muchachos bromeaban cuando me veían caminar por ahí con mi tabla sujetapapeles. Salían corriendo en dirección contraria diciendo: "¡Joe está buscando a quién convocar para hacer algo!". Fuera de broma, si deseamos ser líderes catequéticos eficaces, debemos aprender a abrir los ojos e identificar a las personas cuyos dones puedan convocarse para el servicio del Reino de Dios. De hecho, es una parte fundamental de tu ministerio el identificar tales dones, reafirmarlos y ponerlos en acción, no para beneficio propio, sino para el beneficio espiritual de aquellos a quienes llamamos.

Muchos dicen que la razón por la que no se involucran más profundamente en la vida o en el ministerio parroquial es porque nadie nunca los invitó. He aquí algunas maneras prácticas con las que puedes invitar a otros a ser líderes catequéticos:

- Cada vez que identifiques un talento o don —sea en un niño, un adolescente, un adulto joven, un padre de familia, una persona de mediana edad o una persona mayor— reconócelo en voz alta e invita a esa persona a utilizar su don para servir a los demás. Cuando me enteré de que uno de los hijos de mi catequista tocaba guitarra clásica, por ejemplo, lo convoqué para que tocara música instrumental durante algunas de nuestras reuniones de oración, así como para la misa del domingo. ¡Aceptó con gusto! Y cuando descubrí que a una de mis catequistas le apasionaba la justicia social y la agotaba su trabajo como catequista, la invité a coordinar un "Rincón solidario" en la iglesia para reunir objetos donados para los necesitados. Este nuevo ministerio la renovó, y la parroquia encontró una nueva alternativa para que las personas vivieran su discipulado.
- Al reafirmar los dones y talentos de otros podrás sembrar las semillas de vocaciones futuras en el ministerio catequético. No siempre hace falta convocar a las personas para que se anoten para participar en tareas o funciones particulares, pero si haces el intento de identificar y reconocer los dones de los demás y recomendar maneras de utilizar esos dones para servir al Pueblo de Dios, te sorprenderá ver los abundantes frutos.
- Cuando reafirmas los dones y talentos de los demás también estás desarrollando relaciones de alta calidad y conformando un equipo de "aliados" que se sienten impulsados a apoyarte, pues te has tomado el trabajo de fijarte en ellos.

- Invitar a las personas es kerigmático: es parte integral de la estrategia que utilizaron los apóstoles en la primera proclamación del Evangelio. Ellos invitaban a las personas a una nueva forma de vida que ponía a Jesús en el centro. Para que seamos una Iglesia más evangelizadora, debemos ser una Iglesia más acogedora. Debemos invitar a las personas a que pongan su vida y sus talentos en Cristo. Como líder catequético, tú estás perfectamente equipado para hacerlo.
- La invitación personal es la más eficaz pues nace de una relación e invita a las personas a afianzarla. Puedes pasar horas creando páginas web profesionales, anuncios vistosos, volantes a colores y cosas por el estilo (¡todo lo cual también es importante!), pero la invitación personal —conocida en algunos círculos como el "factor amistad"— sigue siendo la singular manera más eficaz de reclutar a las personas. El toque personal no tiene por qué ser siempre en persona. Una tarjeta, un mensaje de texto, un correo electrónico, un *tweet* o una llamada telefónica también pueden hacer maravillas.
- El reconocer públicamente los dones y talentos de los demás es una herramienta poderosa para el líder catequético. Aprovecha las oportunidades de resaltar los dones, los talentos, los logros y los hitos (por ejemplo, cumpleaños y aniversarios) de niños, adolescentes y adultos en tus boletines, anuncios, publicaciones en redes sociales, tableros de anuncios y páginas web. La gente a la que reconoces estará agradecida y buscará maneras de demostrarlo.
- Celebra un ritual para destacar los compromisos que han adquirido las personas. Aprovecha las oportunidades como el Domingo catequético (el tercer domingo de septiembre) para nombrar públicamente a tu personal catequético en la misa del domingo. Ten en cuenta llevar a cabo otros ritos públicos como las bendiciones y los nombramientos para resaltar y hacer visibles

los dones de los demás y para enviar un mensaje claro y en voz alta de que estas personas viven su llamado bautismal del mismo modo en que todos somos llamados a hacerlo.

- Por último, una de las maneras más poderosas de reafirmar los dones de los demás es agradecerles en privado *y* en público. Una vez más, el toque personal (una tarjeta, un mensaje de texto, un correo electrónico, un *tweet* o una llamada) es el agradecimiento más eficaz. ¡Pero todo no termina aquí! Agradece también a las personas públicamente en reuniones, fiestas o cenas de reconocimiento, en boletines y en páginas web.

Lavar los pies de los demás

Jesús dejó muy en claro que su estilo de liderazgo se caracterizaba por el servicio a los demás. Cuando se levantó de la mesa durante la Última Cena y llenó un recipiente con agua, se ató una toalla en la cintura y procedió a lavar los pies de sus apóstoles, estaba haciendo una profunda declaración de lo que significa ser un líder. Sus apóstoles (y en especial Pedro) se sorprendieron mucho pues estaban acostumbrados al "liderazgo de pedestal". Como líder catequético, una de las maneras más profundas de mostrar liderazgo servicial es desconcertar a los que te rodean y que están acostumbrados al liderazgo de pedestal. Lo puedes hacer al participar en obras de servicio desinteresado para aquellos a quienes lideras.

Consideremos una variedad de maneras en que tú, como líder catequético, puedes lavar los pies de aquellos a quienes estás llamado a liderar.

- **Pon primero las necesidades de los demás.** Siempre me llama la atención que cuando le pregunto a mi párroco cómo le va, suele contarme quién de la parroquia está en el hospital, ha fallecido o está pasando por una dificultad en particular. No se concentra en sus propias necesidades sino en las de los demás, y eso siempre se refleja en sus palabras y acciones. En cada oportunidad, recuerda anteponer las necesidades de los demás: anima a las personas a que cuando les preguntes "¿cómo estás?" compartan contigo cómo están *en realidad.* Asimismo, antes de cualquier presentación en público, haz una petición de oración por los necesitados.

- **Lidera con humildad.** En nuestra cultura contemporánea, la humildad es una virtud con muy mala reputación pues solemos pensar que es un modo de avergonzarnos o denigrarnos. No obstante, la humildad no tiene nada que ver con menospreciarnos, y ni siquiera con fingir modestia. La humildad tiene que ver con vernos como somos en realidad y, por lo tanto, tener la capacidad de ver a los demás y a Dios como son en realidad también. La humildad no es una negación de nuestra autoestima, sino una afirmación del valor inherente y la dignidad de todas las personas y un reconocimiento de nuestro lugar en esa comunidad de personas. La humildad genera espacios para los demás, mientras que una arrogancia inflada hace que otros, e incluso Dios, se alejen. Cuando hacemos que los demás y Dios se alejen, logramos acostumbrarnos a tener control, a seguir nuestra propia voluntad. Perdemos la capacidad de escuchar. Una de las mejores maneras de practicar la humildad es por medio de un suave sentido del humor crítico de uno mismo. A la gente le puede parecer reconfortante saber que no te tomas demasiado en serio.
- **Practica hablar de tus relaciones en términos igualitarios.** Cierta vez le pedí a una líder catequética que me enviara un correo electrónico a través de mi blog, *Catechist's Journey* [El camino del catequista], con el fin de pedir ayuda para hallar recursos dirigidos a un proyecto que ella debía abordar muy pronto. Se disculpó por haber recurrido a mí tan sobre la hora y se sintió mal por no seguir una de mis "mejores costumbres" como líder catequético eficaz: la planificación y la preparación. Le recordé que "el pedir ayuda a los pares es una de las mejores costumbres

del líder catequético". Ella pensó que yo le estaba sugiriendo que le pidiera ayuda a "sus pares" en vez de molestarme a mí, y replicó que ninguno de sus pares podía ayudarla. Le reafirmé que ella podía recurrir a mi ayuda ¡pues yo *soy* uno de sus pares! Las personas desean saber que estamos con ellas en las trincheras, no en una torre de marfil. Esta es la razón por la que nunca me presento como el doctor Paprocki; prefiero que me conozcan como Joe.

- **Arremángate y ensúciate las manos.** Para el líder catequético no hay tarea insignificante. Suelo bromear con los catequistas sobre cómo armar el "verdadero" currículo que se necesita para un certificado de estudios avanzados en ministerio pastoral: cómo preparar y servir café y bocadillos, cómo reacomodar los muebles y ubicar las sillas y mesas, cómo limpiar los sanitarios, cómo quitar las migas de las mesas, cómo vaciar los cestos de basura y cómo sujetar folletos con la engrapadora, entre otras cosas. Un ministro pastoral eficaz nunca está ajeno a estas tareas. Involucrarse y ponerse a trabajar es aquello de lo que habla el Papa Francisco cuando exhorta a los ministros a que "huelan como ovejas". Él quiere que sirvamos el café en vez de esperar a que nos lo sirvan.
- **Sé receptivo.** Muchos acudirán a ti en busca de ayuda o simplemente porque necesitan un poco de contacto directo. Un líder catequético eficaz aprende cómo ser inmediatamente receptivo a las personas. Aun si no tienes tiempo para resolver el asunto en ese mismo momento y lugar, es importante hacer contacto visual significativo, responder de manera genuina, hacerles saber a los demás que los has escuchado y prometer dar un seguimiento (y hacerlo). De esta manera te ganarás la confianza y el respeto y te asegurarás de que en el futuro las personas te darán el beneficio de la duda. Esta receptividad podrá tener influencia no solamente en tus pares sino en tus superiores. Los puede inspirar a

responderte de la misma manera que tú a ellos y a otros. Cuanto más receptivo seas, tanto más amplia la esfera de influencia, pues otros percibirán que realmente te preocupas y que no eres egoísta.

- **Rechaza el crédito.** Cuando las personas te ofrezcan su reconocimiento y gratitud, agradéceles con amabilidad y luego dirige la atención hacia las personas que te ayudaron en cualquier cosa que haya salido bien. Los agradecidos tomarán nota e imitarán esta variante de humildad en el futuro.
- **Acepta la responsabilidad y admite los errores.** Hacer esto cuando sea oportuno en lugar de buscar chivos expiatorios te puede ayudar a ganarte la confianza de otros. Cierta vez, siendo asociado pastoral parroquial y director de educación religiosa, coordiné con un feligrés la preparación de una cazuela de atún para los feligreses después de los servicios del Viernes Santo. Calculamos muy mal la cantidad de personas que podrían llegar, y por ende la cantidad de atún que debíamos preparar. Terminamos recibiendo una gran multitud, la mitad de la cual se quedó con hambre. Me levanté, tomé el micrófono y me responsabilicé totalmente del error, ahorrándole a mi compañero la vergüenza y esperanzado de que él quisiera volver a colaborar conmigo en el futuro. La acción funcionó, e incluso los que se quedaron con hambre se sintieron bien tratados.
- **Relaciónate.** Cierta vez tuve un jefe que jamás se relacionaba con los integrantes de su propio departamento. En cualquier reunión o encuentro decía algunas palabras en público y le encargaba todo a alguien más mientras él se instalaba en un rincón y se concentraba en su teléfono. Esto enviaba un pésimo mensaje al equipo que buscaba en él liderazgo. Una de las maneras más efectivas de afianzar relaciones con aquellos a quienes sirves es conectarte y relacionarte con ellos. Esto no significa que debas convertirte en amigo íntimo de todo el mundo, pero sí que debas

hacer un esfuerzo habitual por demostrarles a los miembros de tu comunidad que los aprecias y que disfrutas y buscas su compañía.

- **Haz preguntas y escucha las respuestas.** No finjas hacerlo; hazlo de verdad. Comparte tus inquietudes con las personas que lideras y pregúntales sus percepciones y opiniones. Dedica tiempo para escuchar lo que las personas tienen que decir. Muéstrales que estás tomando nota de sus respuestas. Agradéceles sus comentarios y sugerencias. Y más tarde, hazles saber de qué modo su consejo influyó positivamente en tus decisiones. Esta es una manera estupenda de demostrar respeto hacia las personas que lideras y a la vez es una gran manera de servirles, pues es realmente importante saber qué piensan y sienten para responder a sus necesidades.

Equipar a otros

Mi mejor amigo, que también se llama Joe, es muy hábil para los trabajos de mantenimiento y reparación. Lo he llamado más de una vez para que me ayude con tareas de mejoras en casa que están fuera de mis habilidades. Por lo general acepta. Pero inevitablemente, en medio de la tarea asignada, Joe me da la herramienta que está usando y me dice: "Es tu turno". De hecho, ahora que lo pienso, ¡uno de sus proyectos de reparación soy yo! Él siempre me está enseñando, y esta es una de las razones por las que siempre he valorado su amistad. Me ha equipado con muchas habilidades que me han ayudado a crecer como dueño de casa y, lo más importante, como persona.

Como líder catequético, es posible que en el ministerio hayas sido el aprendiz de un mentor. A su vez, una de las estrategias de liderazgo más efectivas que puedes utilizar es equipar a otros con lo que necesitan para tener éxito. Conoces el viejo cliché: dale un pez a alguien y comerá un día, pero enséñale a pescar y comerá toda su vida. Es un cliché porque transmite una verdad esencial. El líder catequético eficaz no *distribuye* peces, sino que *enseña* a las personas a pescar. Consideremos algunas de las maneras en que puedes equipar a otros para tener éxito en el ministerio.

- **Comparte el poder con otros.** No le temas a la palabra *poder*. Las Sagradas Escrituras nos dicen que Cristo resucitado les instruyó a sus discípulos a que se quedaran en Jerusalén hasta que el poder (en griego, *dunamis*) del Espíritu Santo viniera sobre ellos (Hechos 1:8). Este es el poder de Dios, no el nuestro, y está diseñado para un solo propósito: cumplir con el propósito de Dios. Es interesante advertir que Dios ejerce su poder por medio de nosotros como líderes en el ministerio. En otras palabras, el poder de Dios se canaliza a través de *ti*. Tú, a la vez, eres llamado a canalizar ese poder a través de otros. Cuando hablamos de empoderar a otros, lo que queremos decir es que buscamos desarrollar en otros la capacidad de obrar por sí mismos. La mejor manera de empoderar a otros es generando enfoques y técnicas que sean replicables, es decir, que ellos puedan hacer por sí mismos. Cierta vez, después de una presentación en una conferencia diocesana, un director de escuela secundaria se me acercó y me preguntó si yo podía visitar su escuela para hacer esa misma presentación para su departamento docente. Le dije que mi agenda no me lo permitía pero que le daría mis presentaciones de *PowerPoint* completas con notas y transcripción, y que él lo podría hacer por sí mismo. En primera instancia creyó que yo estaba bromeando y respondió: "Sí, cómo no". Pero cuando le pregunté si me había entendido bien, respondió que sí. "¿Entonces no hay razón por la que no puedas hacerlo tú mismo, verdad?" le pregunté, a lo que respondió: "¡Supongo que no!". No tengo dudas de que su presentación fue ejemplar pues estoy seguro de que le dio su propio toque bajo la guía del Espíritu Santo. El poder de Dios es algo para compartir.

- **Crea un sentido de propiedad y compromiso.** Un líder catequético eficaz delega sus muchas tareas a otros y realmente les permite una propiedad de esas tareas. Cuando era líder catequético, una de mis catequistas tenía todas las certificaciones y era, a todos los efectos, una catequista consumada. Le pregunté si podía ser nuestra coordinadora para la formación catequética continua, y aceptó con gusto. Desde ese entonces, en cada encuentro de catequistas, se asignaba un espacio para que esta catequista pudiera enriquecer a sus colegas. Esos espacios se llegaron a conocer como "La hora de Nancy". Sus compañeros catequistas disfrutaban al aprender de una de sus pares y fueron empoderados por su ejemplo.
- **Brinda a las personas acceso a recursos de primera calidad en vez de restringirlos para ti.** Este impulso es la razón por la que las cosas se difunden rápidamente en las redes sociales: cada vez que alguien encuentra algo sorprendente, está ansioso por compartirlo con otros. Hacer esto dice mucho de la persona que comparte y la hace quedar bien. Como líder catequético, una de las maneras en que puedes equipar a otras personas, a la vez que pules tu propia imagen, es permitirles acceder a excelentes recursos que les ayuden a desarrollar sus habilidades como ministros catequéticos. Ellos enriquecerán el programa de formación en la fe de tu parroquia mientras lo hacen.
- **Preocúpate por la formación de aquellos a quienes lideras.** Asegúrate de usar fondos disponibles de tu presupuesto para invertir en el desarrollo de aquellos que te rodean. Envía a las personas a talleres, seminarios y conferencias, y pídeles que cuando regresen compartan lo que aprendieron con el resto del equipo. Cuando sea posible, acompaña a las personas a estos eventos para demostrarles que te interesa su desarrollo y que estás personalmente dedicado a enseñarles.

¡Sí funciona!

Quizás nunca llegues a ser un líder famoso como Gandhi, Simón Bolívar, Lincoln, el doctor King, santa Teresa de Calcuta o la princesa Diana, pero como ministro eclesial laico ciertamente tienes el llamado a liderar e inspirar a otros a responder a la invitación de Dios de vivir como discípulos de su Hijo, Jesucristo. Según las palabras del escritor Dan Ebener, "El liderazgo servicial funciona" [v.d.t.]. Es mi deseo que puedas liderar como Jesús lo hizo: sirviendo desinteresadamente a otros, con la guía del Espíritu Santo para la gloria de Dios Padre.

Resumen: Hagan lo mismo que yo hice con ustedes

[Jesús] Después de haberles lavado los pies, se puso el manto, volvió a la mesa y les dijo: ¿"Comprenden lo que acabo de hacer? Ustedes me llaman maestro y señor, y dicen bien. Pero si yo, que soy maestro y señor, les he lavado los pies, también ustedes deben lavarse los pies unos a otros. Les he dado ejemplo para que hagan lo mismo que yo hice con ustedes".
(Juan 13:12–15)

El liderazgo comienza concentrándonos no en la mente ni en el cora zón sino en los pies. Lavar los pies de los demás es la manera en que Jesús nos demostró lo que significaba para él obrar como nuestro Maestro y Señor. Como líder catequético, tienes el llamado a liderar como Jesús lo hace. Esto lo conocemos como "liderazgo servicial", a diferencia del "liderazgo de pedestal" que predomina en el mundo secular. Para sobresalir como líder servicial debes hacer tres cosas: identificar y reafirmar los dones de otros, lavar sus pies (servirles con humildad) y equiparlos para que sobresalgan por sí mismos.

Para reflexionar y conversar

- ¿Quién es un buen líder servicial en tu vida y tu ministerio? ¿Qué hace este líder y cómo lo hace?
- ¿Qué necesitas hacer para ser un líder servicial eficaz?

Madurar como líder catequético

¿Cómo ayudas a que los demás identifiquen sus dones, y cómo los reafirmas? ¿Cómo lavas los pies de aquellos a quienes sirves? ¿Cómo equipas a otros para que sobresalgan por sí mismos sin depender de tu presencia?

Visita www.loyolapress.com/lce para acceder a la hoja de ejercicios.

El líder catequético eficaz

NATIONAL CONFERENCE CATECHETICAL LEADERSHIP
LOYOLA PRESS.

Tres conductas de los líderes serviciales

En el centro del estilo de liderazgo de Jesús está el servicio. En su libro *Servant Leadership Models for Your Parish* [Modelos de liderazgo servicial para su parroquia], Dan Ebener llama al estilo de liderazgo de Jesús "liderazgo servicial", opuesto a lo que él denomina "liderazgo de pedestal". Ebener describe el liderazgo servicial como un enfoque que se centra fundamentalmente en las necesidades y los intereses de los demás y que ubica al líder en el servicio de una misión que es más grande que él mismo. Dedica tiempo a reflexionar sobre cómo y hasta qué punto practicas las siguientes tres conductas de los líderes serviciales.

Conductas de líderes serviciales	Lo que hago o lo que puedo hacer para fortalecer esta conducta
Reconocer—reconocer, reafirmar y estimular los dones, los talentos y los esfuerzos de tus catequistas	
Servir—aceptar los problemas y las necesidades de tus catequistas como si fueran propios	
Empoderar—desarrollar o reforzar la capacidad de tus catequistas para que actúen en nombre de sí mismos y en el de la comunidad de fe	

Llamados por nuestro nombre: prepararse para la vocación de líder catequético Capítulo 10

Acción sugerida

La próxima vez que estés ante un grupo de personas que lideras, menciona a alguien y el don o talento que lo caracteriza; haz algo que dé ejemplo de servicio y humildad al grupo (por ejemplo, lava los platos o limpia la mesa); y haz algo para equipar a alguien con el fin de que sobresalga en una tarea.

Recursos adicionales

En español

Los 7 hábitos de la gente altamente efectiva: Lecciones poderosas para el cambio personal. Stephen Covey (FranklinCovey.com, 2016).

El verdadero poder es servicio. Jorge Bergoglio (Publicaciones Claretianas, 2013).

El líder con vocación de servicio. James A. Autry (Empresa Activa, 2003).

Servicio a los empobrecidos y evangelización. Armando Cester Martínez (Caritas, 2017).

Al servicio de la fe. Felicísimo Martínez (San Pablo, 2012).

Diakonía. El servicio en la Biblia. Jean Francois Brudoz, Paul Agneray, Jean Marie Carriere (Verbo Divino, 2013).

En inglés

Servant Leadership Models for Your Parish [Modelos de liderazgo servicial para su parroquia]. Dan R. Ebener (Mahwah, NJ: Paulist Press, 2010).

Leadership Is an Art [El liderazgo es un arte]. Max DePree (Doubleday, 2004).

Acerca del autor

Joe Paprocki, Doctor en Ministerio, es asesor nacional para la formación de la fe en Loyola Press. Tiene más de 35 años de experiencia en el ministerio y ha dado charlas y talleres en más de 100 diócesis en América del Norte. Es el autor de numerosos libros, entre ellos el éxito de ventas *La caja de herramientas del catequista.* Joe es catequista y escribe sobre sus experiencias en su blog www.catechistsjourney.com.

La serie El líder catequético eficaz

Ya sea que estés iniciando tu labor como líder catequético o que lleves sirviendo por muchos años, la serie **El líder catequético eficaz** te ayudará a usar cada aspecto de este ministerio para proclamar el Evangelio e invitar a las personas al discipulado.

Llamados por nuestro nombre:
Prepararse para la vocación de líder catequético

Liderazgo catequético:
Cómo deber ser, cómo debe organizarse y a quién debe servir

Formar discípulos de Cristo:
Cómo entender la relación fundamental entre la catequesis y la evangelización

Cultivar catequistas:
Cómo reclutar, alentar y conservar a catequistas exitosos

Excelencia en el ministerio:
Las mejores prácticas para un liderazgo catequético exitoso

Todo el pueblo de Dios:
Catequesis eficaz en una Iglesia diversa

Cada libro de la serie **El líder catequético eficaz** está disponible al precio de $13.95, o la serie completa por $65.00.

Para hacer sus pedidos:

llame al **800.621.1008** o visite **loyolapress.com/LCE**

App LCE

Todo lo que necesitas para ser un líder catequético eficaz

La aplicación LCE pone teoría y práctica al alcance de tu mano. Partiendo directamente de los seis libros de la serie **El líder catequético eficaz,** la aplicación LCE brinda a los líderes catequéticos la oportunidad diaria de centrarse espiritualmente, enfocarse en asuntos pastorales específicos e identificar estrategias prácticas para asumir los desafíos de servir como líder catequético eficaz.

Características:

- Más de 40 reflexiones guiadas que se ajustan a tus necesidades individuales en el ministerio pastoral.
- Conveniente y accesible en cualquier lugar usando tu teléfono o tableta.
- Diseño moderno, interfaz fácil de usar y una fuente de calma en medio de la atareada agenda del líder catequético.

Para obtener más información y descargar la aplicación, visita **www.loyolapress.com/LCE**